Gerald Bosch · 1000 spannende Experimente

Gerald Bosch

1000 spannende Experimente

Zeichnungen von Mario Valentinelli

Die Deutsche Bibliothek – CIP-Einheitsaufnahme

Bosch, Gerald:
1000 spannende Experimente / Gerald Bosch.
Zeichn. Mario Valentinelli.
– 1. Aufl. – Bindlach : Loewe, 2000
ISBN 3-7855-3542-2

Der Umwelt zuliebe ist dieses Buch
auf chlorfrei gebleichtem Papier gedruckt.

ISBN 3-7855-3542-2 – 1. Auflage 2000
© 2000 Loewe Verlag GmbH, Bindlach
Umschlagfoto: Stock Imagery/Bavaria
Gesamtherstellung: Wiener Verlag, Himberg
Printed in Austria

Inhalt

Spaß mit Temperatur und Druck 13

Von Masse bis Wasser 39

Licht und Sicht – mach mit! 69

Noch mehr Tricks aus der Physik 113

Chemie und Fun 149

Überraschungen aus der Biologie 191

Vorwort

Wer? Wie? Was?
Wieso? Weshalb? Warum?
Wer nicht fragt, bleibt dumm!

Mit diesem fröhlichen Song werden die Zuschauer der Sesamstraße angeregt, ihre Eltern, Lehrer und alle anderen Erwachsenen mit Fragen nach den aufregenden, unbekannten Dingen des Lebens zu löchern.

Doch Fragen und Antworten allein reichen nicht aus, um die Welt zu begreifen – man muss auch durch eigene Experimente Erfahrungen gewinnen. Versuche können einem deutlich zeigen, wie viele Dinge funktionieren – und wenn man es noch nicht weiß, kann man es mit ihrer Hilfe herausfinden!

Die meisten Forscher führten und führen ihre Experimente nach dem Prinzip „Versuch und Irrtum" durch: „Also ich hab da eine Idee, wie diese Sache ablaufen könnte! Schauen wir mal, ob es so und so klappt! Wenn ja, war meine Überlegung richtig – wenn nicht, auch gut, dann muss ich mir was anderes einfallen lassen!"

Diese Annahme ist bestimmt nicht schlecht und hat uns wahrscheinlich die meisten Erfindungen von der Töpferscheibe bis zum Mikrochip beschert. Allerdings sollte sich jeder, der einen neuen Versuch durchführt, ganz genau überlegen, was er da eigentlich machen will. Denn sonst endet er wie der sagenhafte Erfinder des Schwarzpulvers (einer hochexplosiven Mischung aus Kohle und Salpeter), der mit seiner Erfindung gleich in die Luft flog. Bei manchen Experimenten muss man auch scharfe Laugen, Säuren oder giftige Substanzen verwenden. In solchen Fällen braucht man besondere Sicherheitskleidung, Handschuhe und Schutzbrillen.

Eine Spur Vorsicht und etwas Ordnung sind also auch bei kleinen Einsteins angesagt. Wenn ein moderner Wissenschaftler heute eine neue Sache erforschen will, wenn er beispielsweise einen Impfstoff gegen eine neue Krankheit sucht, dann geht er systematisch vor: Er liest nach, was andere Wissenschaftler über die Krankheit herausgefunden haben, was es für vergleichbare Krankheiten gibt und mit welchen Medikamenten sie behandelt werden. Er tauscht sich mit anderen Forschern aus und schreibt auf, was er für Materialien und Geräte braucht und wie die ersten Versuche wohl ablaufen werden. Das alles kann Jahre dauern – und muss am Ende nicht einmal erfolgreich sein. Aber so läuft eine gute wissenschaftliche Untersuchung nun mal ab.

Wie ist das bei neuen Erfindungen – Dingen und Maschinen, die sich noch niemand vorstellen kann?

Nun, so verrückt es klingt: Die meisten Sachen gibt es schon irgendwo, auch wenn wir es vielleicht (noch) nicht bemerken. Denn die Gesetze der Mathematik, Physik, Chemie und Biologie bestehen schon seit der Entstehung des Universums – sie existierten bereits vor Milliarden von Jahren, als es noch keine Menschen gab. Unsere Umwelt, die Erde, ist und war immer schon sehr vielschichtig, sodass die Menschen viele Phänomene einfach übersehen oder in der Hektik des Alltags erst gar nicht wahrnehmen. Eine wichtige Voraussetzung für einen guten Forscher ist daher eine scharfe Beobachtungsgabe – und die leidet bei ständiger Anspannung. Auch wenn du dich zu viel mit der Theorie beschäftigst, kannst du leicht den Blick für das Wesentliche verlieren. Daher klemm dich nicht immer nur hinter deine Bücher oder vor deinen Computer, sondern geh auch mal Fußball spielen oder Geburtstag feiern, mach einen schönen Spaziergang durch den Wald, oder hilf deinen Eltern im Garten. Viele ganz große Ideen entstanden nämlich, als ihre Entdecker gerade völlig entspannt waren und gar nicht darüber nachdachten. Der griechische Mathematiker Archimedes von Syrakus ist beispielsweise auf die Gesetze des hydrostatischen Auftriebs (des Auftriebs im Wasser) gestoßen, als er gerade genüsslich in der Badewanne lag. Und dem englischen Physiker Isaac Newton musste erst im Garten ein Apfel auf den Kopf fallen, damit er das Gesetz der Schwerkraft entdeckte.

Viele Forscher haben es also bereits erkannt: Unwichtiges, das man ganz nebenbei bemerkt, hat für wissenschaftliche Untersuchungen eine weitaus größere Bedeutung als das gezielte Studium. Kleine Ursachen können oft eine große Wirkung haben – oder, wie es manche Wissenschaftler formulieren: Wenn auf dem Himalaja ein Schmetterling mit den Flügeln schlägt, kann es in New York zu einem Schneesturm kommen.

Also frag ruhig weiter wie die Kinder in der Sesamstraße, aber sperr auch selbst einmal die Augen auf, und nimm deine Umwelt wahr. Dann kannst du versuchen, die Erfahrung anderer mit deinen eigenen Entdeckungen zu verbinden und im Experiment umzusetzen.

Gerald Bosch

Spaß mit Temperatur und Druck

 Heiß getrunken …

Ganz gleich, ob du nun Milch, Suppe oder Kakao aus einer Tasse trinken willst – beim ersten Schluck verbrennst du dir fast immer den Mund. Bist du einfach nur zu gierig, oder kann es sein, dass heiße Suppen und Getränke im Becher oben immer wärmer sind? In diesem ersten Versuch wirst du sehen, was sich hinter dem Geheimnis des „ewig heißen Kakaos" verbirgt.

Material:
1 hohes, großes Einmachglas
1 kleines, schmales Marmeladenglas
1 Stück Kordel (ca. 30–40 cm lang)
rote Wasserfarbe (aus deinem Malkasten)
heißes Wasser

Durchführung:
Binde die Kordel so um den Rand des kleinen Marmeladenglases, dass du es an der Schnur in das Einmachglas tauchen kannst. Füll das große Glas mit kaltem Leitungswasser. Nun gieß heißes Wasser in das kleine Glas, und gib etwas rote Farbe aus deinem Wasserfarbkasten hinzu. Die Farbe verteilt sich, und das Wasser nimmt einen schönen satten Rot-Ton an. Nun kannst du das kleine Glas an der Kordel im großen „versenken", es darf dabei jedoch nicht umfallen. Was passiert?

Ergebnis:
Schon beim Absenken des kleinen Glases steigt rote Farbe nach oben auf. Sie wird auch dann nicht aufhö-

ren hochzusteigen, wenn das Marmeladenglas am Boden des großen Glases angelangt ist. Nach einigen Minuten hat sich die gesamte Farbe oben im Einmachglas gesammelt. Bei jeder Erhitzung dehnt sich ein Stoff aus. Erwärmte Flüssigkeiten und Gase steigen deshalb stets nach oben.

Dies geschieht auch in deinem Becher, wenn du heiße Milch schlürfst; daher ist der erste Schluck immer besonders heiß. Wenn du nun auf die Oberfläche pustest, kühlt sich die obere Flüssigkeitslage ab und sinkt nach unten. Daraufhin steigt wiederum wärmere Milch hoch, und das Ganze beginnt von vorne. Du kannst das Abkühlen beschleunigen, indem du beim Pusten die Milch umrührst, sodass der Wärmeaustausch mit der Oberfläche schneller abläuft.

Wusstest du übrigens schon, dass ...?

... diese Auf- und Abwanderung von Flüssigkeiten in allen Gewässern eine wichtige Rolle spielt? Auf diese Weise kühlen Seen und Flüsse in der kalten Jahreszeit ab, bevor sie zufrieren. (Dass sie nicht bis zum Boden durchfrieren, hat einen anderen Grund. Mehr darüber erfährst du im Versuch „Der schmelzende Eiswürfel" auf Seite 26) Aus demselben Grund erwärmen sich die Gewässer im Frühjahr auch ziemlich langsam: Die Sonnenstrahlen können das Wasser von oben her nur ganz allmählich aufheizen. Je höher die Sonne im Laufe des Jahres am Himmel steht, desto stärker wird auch ihre wärmende Kraft – im Sommer sind die Temperaturen von Meeren, Flüssen und Seen am höchsten.

Schraubgläser öffnen ohne Muskelkraft

Sicherlich hast auch du die folgende Situation schon einmal erlebt: Du sitzt am Frühstückstisch und willst ein Marmeladenglas öffnen. Aber das blöde Ding will absolut nicht aufgehen, sosehr du dich auch abmühst. Meist wird noch ein Zweiter oder Dritter in der Runde sein Glück versuchen, bis der Deckel dann endlich nachgibt. Mit ein paar kinderleichten Tricks kannst du dir in Zukunft diese frühmorgendlichen Kraftakte ersparen – wetten?

Material:
3 fest verschlossene Marmeladengläser
(frag vorher um Erlaubnis, ob du alle öffnen
darfst; zur Not wendest du die Tricks nach und
nach an)
1 Esslöffel
heißes Wasser
Spülhandschuhe

Durchführung:
EXPERIMENT 1: Lass den Warmwasserhahn so lange laufen, bis richig heißes Wasser herausströmt. Dann zieh dir die Spülhandschuhe über, und halte das verschlossene Glas mit dem Deckel in den Wasserstrahl. Nach etwa 30 Sekunden sollte sich der Deckel mühelos öffnen lassen.
EXPERIMENT 2: Verkante das Hinterende des Löffels vorsichtig zwischen Deckelrand und Glas. Hebel ihn langsam nach unten (nicht zu fest, da sonst das Glas split-

tert), bis ein leichtes Knacken ertönt. Jetzt kannst du das Glas aufschrauben.

EXPERIMENT 3: Dreh das Glas um, und schlage mit der flachen Hand auf seine Unterseite. Nun müsste sich der Deckel abschrauben lassen.

Ergebnis:

Dass sich das Glas zuerst nicht öffnen lässt, hat folgenden Grund: Beim Abfüllen ist die Marmelade noch heiß und flüssig. Sie nimmt daher einen größeren Rauminhalt ein als später, wenn sie kalt geworden ist. Da das Glas jedoch gleich nach dem Einfüllen verschlossen wird, entsteht beim Abkühlen automatisch ein Unterdruck, weil sich die Konfitüre zusammenzieht. Wenn du selbst einmal beim Einkochen von Marmelade oder Obst dabei warst, kannst du dich vielleicht noch daran erinnern, dass frisch verschlossene Schraubdeckelgläser nach einer gewissen Zeit knacken. Dann hat sich nämlich die Marmelade so stark abgekühlt, dass das entstandene Vakuum den Deckel mit einem leichten Knack nach innen zieht. Im Grunde genommen willst du bei deinen Experimenten also auf verschiedene Weise diesen Unterdruck überwinden.

EXPERIMENT 1: Indem du den Deckel erwärmst, bewirkst du, dass er sich ausdehnt. Dadurch nimmt der Unterdruck ab – und du kannst das Glas aufschrauben.

EXPERIMENT 2 und EXPERIMENT 3: In diesen beiden Fällen hast du probiert, den Deckel mechanisch etwas anzuheben, sodass Luft ins Glasinnere gelangen und das Vakuum aufheben kann. Mithilfe des Löffels hast du im zweiten Experiment den Deckel leicht angehebelt, da-

mit genau das passiert. Der dritte Versuch funktioniert mit starkem Gegendruck. Durch deinen Schlag entstand ein Impuls, der über das Glas auf die Innenseite des Schraubverschlusses übertragen wurde. Dadurch hat sich der Deckel leicht nach oben gewölbt und dabei so weit geöffnet, dass Luft hineingelangen konnte. Und schon brauchtest du keine Bärenkräfte mehr, um das Marmeladenglas aufzukriegen!

Ein Pappbecher als Camping-Kochtopf?

Stell dir vor, du willst mit deiner Familie oder mit deinen Freunden zelten, und zum Abendessen sollst du nun einen heißen Tee kochen. Aber oje – ihr habt zwar an den Propangas-Kocher gedacht, doch leider vergessen, einen Wassertopf oder etwas ähnliches mitzunehmen! Muss der Tee deswegen vom Speiseplan gestrichen werden? Keineswegs, wie der folgende Versuch zeigt – in einem Pappbecher kannst du nämlich auch Wasser kochen!
ACHTUNG: Da du in diesem Experiment mit offenem Feuer hantieren musst, sollte hier unbedingt ein Erwachsener dabei sein!

Material:
1 großer Pappbecher (Der Becher darf unten keine vorstehenden Kanten haben, sonst kann er Feuer fangen!)
1 Gaskocher
1 Metallspieß

2 gleich lange Äste
ein Taschenmesser (z. B. ein Schweizer
Offiziersmesser)
Streichhölzer, Wasser

Durchführung:
Schneide mit dem Taschenmesser zwei einander
gegenüberliegende Löcher in den oberen Rand des
Pappbechers (etwa einen Fingerbreit unter dem
Becherrand). Nun kerbe beide Äste mit dem Messer an
einem Ende ein, und spitze das andere Ende zu. Mit
diesem rammst du sie so nebeneinander in den Boden,
dass der Kocher bequem dazwischenpasst. Fülle den
Pappbecher zur Hälfte mit Wasser. Dann führe den
Spieß durch die beiden Löcher in seinem Rand, und
hänge den Becher damit in die Astkerben ein und auf
diese Weise über den Kocher. Jetzt zünde diesen an.
Was mag wohl passieren?

Ergebnis:
So unglaublich es klingt: Der Becher wird nicht verbrennen, ja, nicht einmal angesengt sein, und das Wasser fängt tatsächlich nach einiger Zeit an zu kochen!
Die Flamme gibt nämlich Wärme an den Becherboden
ab, die ihm wiederum vom Wasser entzogen wird –
denn das braucht die Hitze ja zum Kochen. Bei 100
Grad Celsius beginnt es im Becher zu sieden. Jetzt
steigt die Temperatur nicht mehr weiter an, weil das
Wasser nun zu verdunsten beginnt. Papier brennt aber
erst bei höheren Temperaturen, weshalb dem Pappbecher erst einmal nichts passiert. Aber Vorsicht: Wenn

alles Wasser verdunstet ist, kann die Temperatur im Pappbecher weiter steigen und dieser schließlich doch Feuer fangen!

Zauberhafte Haft-Gläser

Die Wärmeausdehnung von Körpern lässt sich für einen raffinierten Zaubertrick nutzen. Deine Zuschauer werden staunen – wenn Gläser plötzlich wie von Geisterhand gehalten in der Luft zusammenkleben.

Material:
2 gleich große Gläser (am besten Wasser- oder Saftgläser)
1 Teelicht
1 Bogen Löschpapier
Wasser, Streichhölzer, eine Schere

Durchführung:
Setze das Teelicht in ein Glas, und zünde die Kerze an. Schneide nun das Löschpapier kreisrund, feuchte es gut an, und lege es auf das Glas mit dem brennenden Teelicht. Nun setze das andere Glas umgekehrt auf das Papier, sodass beide Glasränder bündig abschließen. Die Flamme geht nach kurzer Zeit aus. Was geschieht wohl, wenn du jetzt das obere Glas anhebst?

Ergebnis:
Es wird an dem anderen Glas „kleben" bleiben, sodass du beide auf einmal hochnehmen musst. Die Flamme

ist nämlich nicht sofort erstickt, sondern hat erst noch den restlichen Sauerstoff verbraucht. Durch die Poren im Löschpapier konnte auch der Sauerstoff aus dem oberen Glas nach unten dringen und verbrennen. Gleichzeitig fand zwischen den beiden Gefäßen ein Austausch von Brenngasen statt. Nach dem Erlöschen der Flamme kühlten diese Gase ab und zogen sich dabei zusammen. Auf diese Weise entstand ein Unterdruck in dem Raum zwischen den Gläsern, der die beiden zusammenhält.

Das Flaschenthermometer

Im folgenden Versuch wollen wir die Wärmeausdehnung von Stoffen praktisch nutzen und uns selbst ein einfaches Thermometer bauen.

Material:
1 leere Flasche
1 dazu passender Korken
1 Trinkhalm (durchsichtig)
1 Glas Wasser
1 Ahle (das ist ein nadelartiges Werkzeug, das man gut zum Löcherbohren verwenden kann)
rote Wasserfarbe, Wachs, Streichhölzer, ein Trichter

Durchführung:
Gib einige Tropfen roter Farbe in das Wasser, und rühre es gut um. Fülle es dann mithilfe eines Trichters in die Flasche. Es sollte so viel sein, dass gut ein Viertel der

Flasche gefüllt ist. Nun bohre mit der Ahle ein Loch in den Korken, durch das der Trinkhalm hindurchpasst. Stöpsel die Flasche mit dem Korken zu, und führe den Halm so durch das Bohrloch, dass er in die Flüssigkeit hineinragt, jedoch nicht am Boden anstößt. Nun brauchst du nur noch den Korken mit dem Wachs luftdicht zu versiegeln, und dein Flaschenthermometer ist fertig und betriebsbereit.

Mach gleich einmal die Probe: Stell die Flasche in die Sonne. Was passiert?

Ergebnis:
Aufgrund der Erwärmung durch das Sonnenlicht dehnt sich die Luft im Inneren der Flasche aus, kann aber nicht durch den Flaschenhals entweichen. Daher drückt sie auf die Flüssigkeit, die nun im Trinkhalm emporklettert. Aber auch schon die Berührung einer warmen Hand dürfte die Flüssigkeitssäule im Halm leicht ansteigen lassen.

Düsenjets in der Badewanne

Wieso fliegen eigentlich Raketen und Düsenjets? Sie funktionieren nach dem Rückstoß-Prinzip. Das wiederum beruht auf einem physikalischen Gesetz, bei dem die Bewegungsgröße, auch Impuls genannt, eine wichtige Rolle spielt. (Impuls kommt vom lateinischen Wort impellere, das anstoßen oder anschubsen bedeutet.) Das Rückstoß-Gesetz besagt im Folgenden: Jeder Impuls, der in eine bestimmte Richtung geht, ruft einen

gleich großen „Gegenimpuls" hervor, der genau in die entgegengesetzte Richtung zielt. In der vornehmen Sprache der Physiker wird diese Regel als *Impulserhaltungs-Satz* bezeichnet. In trockenen Zahlen ausgedrückt, ist der Impuls I nichts anderes als das Produkt aus Masse m mal Geschwindigkeit v. Diese einfache Gleichung kann ganz beachtliche Folgen haben, beispielsweise im Straßenverkehr: Angenommen, ein 1000 kg schweres Auto fährt mit einer Geschwindigkeit von 30 km/h in einen Zaun. Dieser besitzt kaum Masse und ist unbeweglich, hat also eine Geschwindigkeit von 0 km/h. Der Zaun wird den Impuls auffangen und ihn in „Verformungsenergie" umwandeln – mit anderen Worten, er wird zusammenbrechen. Schlimmer wird es aber, wenn zwei Autos mit unterschiedlich hoher Geschwindigkeit zusammenstoßen. Durch den entgegengesetzten Impuls des zweiten Autos können ganz beachtliche „Verformungsenergien" und Schäden auftreten. Deshalb ist es für ein fahrendes Fahrzeug (das gilt übrigens auch für Fahrräder) weniger gefährlich, mit einem ruhenden Gegenstand zu kollidieren als mit einem, der sich schnell und mit einem entgegengesetzten Impuls bewegt.

Das Prinzip der Impulserhaltung kann aber auch zu sehr komischen Situationen führen: Wenn beispielsweise Wasser unter Druck aus einem Gartenschlauch strömt, hat es eine bestimmte Geschwindigkeit und einen Impuls, der in Strömungsrichtung verläuft. Dieser Impuls erzeugt nun einen gleich großen Gegenimpuls, welcher der Strömungsrichtung entgegengesetzt ist – was zur Folge hat, dass Gartenschläuche wie wild gewordene Schlangen durch die Luft sausen, wenn sie nicht festgehalten werden.

Bei den beiden folgenden Experimenten versuchst du dich als Kapitän in der Badewanne: Zuerst treibst du ein Boot durch Wasserdampf an. Im zweiten Versuch dann wird der Vortrieb durch heiße Luft erzeugt, die aus einer Düse des Bootes aufsteigt, das sich dann in die entgegengesetzte Richtung bewegt.

Material:

2 „bootsförmige" Holzbrettchen, die vorne spitz zulaufen

1 verschraubbares Tablettenröhrchen aus Leichtmetall (heute schwer zu bekommen);

alternativ:

1 verschraubbare, metallene Schutzhülle für Zigarren

1 Konservendose (am besten eine Getränkedose)

8 Nägel (6 längere, 2 kürzere)

2 Kerzenstummel oder Teelichter

etwas Draht, ein Hammer, eine Ahle, Streichhölzer

eine Schere

Durchführung:

EXPERIMENT 1: Das Zigarren- oder Tablettenröhrchen durchbohrst du zunächst am Boden mit der Ahle. Schlage nun vier längere Nägel so in den Bootskörper ein, dass du die Metallhülle später mit dem Draht waagrecht daran befestigen kannst. Zwischen den Nägeln bringst du den Kerzenstummel oder das Teelicht auf dem Brettchen an. Dann füllst du das Röhr-

chen etwa zur Hälfte mit Wasser, schraubst es zu und befestigst es mit dem Draht über der Kerze. Das Bohrloch soll dabei nach hinten weisen. Jetzt kannst du dein Boot in der Badewanne zu Wasser lassen. Zünde die Kerze unter dem Röhrchen an und warte ab. Was passiert?

EXPERIMENT 2: Schneide aus der Dose ein Stück Blech heraus, und klopfe es mit dem Hammer platt. Achtung, an den scharfen Kanten kann man sich sehr leicht schneiden! Anschließend schlägst du vorne zwei kürzere und hinten zwei längere Nägel durch das Blech ins Brett, sodass das Metallstück schräg auf dem Holz steht. Nun stellst du einen Kerzenstummel darunter. Das Boot ist jetzt startklar – leg es in der Badewanne aufs Wasser, und zünde die Kerze an. Was passiert?

Ergebnis:

EXPERIMENT 1: Durch die Hitze der Kerzenflamme beginnt das Wasser im Röhrchen zu kochen. Der Wasserdampf entweicht nach hinten durch das Bohrloch und verleiht dem kleinen Boot einen Rückstoß, sodass dein Dampfer nun in der Badewanne vorwärts fährt.

EXPERIMENT 2: Auch hier entwickelt sich durch das Verbrennen der Kerze warme Luft (nämlich Verbrennungsgase), die am schräg gestellten Blech nach hinten aufsteigt und auf diese Weise das Bötchen vorwärts treibt.

Wusstest du übrigens schon, dass ...?

... die Düsen der großen Verkehrsflugzeuge nach demselben Prinzip arbeiten? Außerdem funktioniert das Rückstoß-Prinzip auch bei der Fortbewegung vieler schwimmender Tiere: So stoßen die achtarmigen Kraken durch einen Hauttrichter Wasser nach vorne aus und schwimmen daher rückwärts. Auch Hummer und Flusskrebse bewegen sich ähnlich im Wasser fort, indem sie ihr breites Schwanzende unter den Körper schlagen. Die Jakobsmuschel flüchtet so vor ihrem Fressfeind, dem Seestern. Jakobsmuscheln haben eine flache obere und eine bauchige untere Schale. Wenn die Muschel mit ihren zahlreichen kleinen Augen einen Seestern erblickt, klappt sie ihre Schalen weit auseinander und dann blitzschnell zusammen. Das in ihrem Innern enthaltene Wasser wird so nach außen gepresst, verleiht der Muschel einen Rückstoß, und sie kann entkommen.

Der schmelzende Eiswürfel

Eis ist schon etwas Schönes: Was wäre beispielsweise ein Winter ohne vereiste Seen, ohne Schlittschuhlaufen und Eiszapfen – oder gar ein Sommer ohne kaltes Speiseeis? Aber warum kann ein Eisberg schwimmen? Und was passiert, wenn Eis schmilzt – nimmt es dann mehr Raum ein als vorher oder nicht?

Material:
1 Glas Wasser und 1 Eiswürfel

Durchführung:
Gib den Eiswürfel in ein Glas mit Wasser und fülle es bis zum Rand auf. Der Eiswürfel wird auf der Oberfläche schwimmen und den Glasrand ein Stückchen überragen. Doch was geschieht, wenn er schmilzt? Läuft das Wasser dann über?

Ergebnis:
Nein, es wird nicht überlaufen. Wasser dehnt sich nämlich überraschenderweise aus, wenn es gefriert. Das ist übrigens einer der Gründe, warum Straßen im Winter aufreißen. Wasser dringt in die feinen Ritzen ein und gefriert. Auch eingefrorene Wasserleitungen oder die zum Kühlen ins Gefrierfach gelegte und dort vergessene Limonadenflasche platzen.
Eis nimmt nahezu den 11fachen Rauminhalt von Wasser ein – man sagt, die Dichte des Eiswürfels ist geringer als die des Wassers. Deshalb kann der Eiswürfel (und natürlich auch ein Eisberg) schwimmen. Beim Schmelzen verkleinert sich sein Volumen – daher läuft das Wasser in deinem Glas nicht über.

Wusstest du übrigens schon, dass ...?

... Wasser seine größte Dichte nicht bei 0, sondern bei 4 Grad Celsius hat? Diese so genannte *Dichteanomalie* hat wichtige Konsequenzen für alle Lebewesen, die in Gewässern leben. Wenn sich bei Minustemperaturen eine Eisdecke auf Seen und Flüssen bildet, kann das Eis, das ja eine geringere Dichte hat als das darunter liegende vier Grad kalte Wasser, nicht absinken – es schwimmt auf dem

„dichteren" Wasser. Aus diesem Grund frieren Meere, tiefere Seen und Flüsse selbst bei strengem, lang anhaltendem Frost niemals bis zum Grund durch. So können Fische, Frösche und andere Wasserbewohner die kalte Jahreszeit unbeschadet überstehen.

Der Eiswürfel an der Angel

Im vorigen Experiment hast du einiges über das Eis erfahren. Jetzt wollen wir einmal versuchen, einen Eiswürfel zu angeln. Das hört sich zwar seltsam an – aber es funktioniert!

Material:
1 Glas
1 Bleistift oder Kugelschreiber
1 Zwirnsfaden (etwa 10 cm lang)
1 Eiswürfel
Kochsalz, Wasser

Durchführung:
Zunächst bastelst du dir eine „Eisangel", indem du den Faden um das Ende des Bleistifts oder Kugelschreibers bindest. Fülle das Glas mit kaltem Wasser, und gib den Eiswürfel hinein. Jetzt streue etwas Salz auf den Würfel, und lege den Faden der Angel auf die bestreute Fläche. Was passiert wohl?

Ergebnis:

Nach einigen Sekunden ist der Faden am Eis festgefroren, und du kannst den Würfel aus dem Glas herausziehen. (Der Versuch klappt übrigens besser, je größer das Stück Faden ist, das auf dem Eiswürfel aufliegt.)

Bei 0 Grad Celsius schließen sich die locker umherschwimmenden Wassermoleküle zu einer festen Struktur zusammen – sie werden zu Eis. Wenn sich aber zwischen diesen Wasserteilchen andere Moleküle (z. B. gelöste Salze) befinden, dann erstarrt das Wasser erst bei wesentlich niedrigeren Temperaturen. Salz senkt also den Gefrierpunkt von Wasser – aus diesem Grund ist Meerwasser auch bei Minustemperaturen noch flüssig. Normales Eis, das nachträglich mit Salz in Berührung kommt, beginnt zu schmelzen. Daher werden im Winter bei Glatteis die Straßen mit Salz gestreut.

Das aufgestreute Kochsalz lässt also den Würfel an der Oberfläche schmelzen. Gleichzeitig geschieht aber etwas, was zunächst widersprüchlich klingt: Damit sich festes Kochsalz in Wasser lösen kann, braucht es Energie. Diese Energie entzieht es seiner Umgebung, also denjenigen Stellen, wo kein Salz hingekommen ist – und zwar in Form von Wärme. Dadurch wird es dort kälter, und der Faden friert fest. Übrigens gibt es auch Salzverbindungen, die beim Auflösen in Wasser Wärme freisetzen: So wird ein Glas, in dem sich Natriumhydroxid-Plätzchen zu Natronlauge auflösen, richtig heiß! Diesen Versuch sollte man aber besser nur im Chemiesaal durchführen.

Wusstest du übrigens schon, dass ...?

... man die Abkühlung von Wasser bei der Vermischung mit Kochsalz früher zur Herstellung von Speiseeis genutzt hat? Milch, Sahne und Fruchtmus wurden in eine Metallschüssel gegeben und in ein Eisbad gestellt. In dieses Eis-Wasser-Gemisch schüttete der Eismann dann große Mengen Kochsalz und rührte kräftig um. Durch die entstehende Kälte gefror die Masse in der Schüssel zu Speiseeis.

Öko-Eier

Wenn du der Umwelt etwas Gutes tun willst, kannst du leicht dafür Sorge tragen, dass deine Eier mit wenig Energieaufwand gekocht werden. Wie das geht, verrät dir der folgende Versuch.

Material:
2 Eier
2 kleine, etwa gleich große Töpfe mit passenden Deckeln
Wasser, eine Stoppuhr

Durchführung:
Gieße jeweils einen halben Liter in jeden Topf. Damit beide Eier beim Kochen auch völlig bedeckt sind, kannst du sie vorher probehalber mal kurz in den Topf legen; fehlt Wasser, dann musst du welches nachgießen. Achte aber darauf, dass die zwei Töpfe immer die

gleiche Menge Wasser enthalten! Nun stellst du beide auf den Herd, deckst aber nur einen mit dem Deckel ab. Stelle jetzt die Herdplatten an. Gleichzeitig betätige die Stoppuhr und warte ab, in welchem Topf das Wasser zuerst kocht. (Du musst dabei auf die Geräusche achten, da du den Deckel des einen Topfes nicht anheben darfst.)

Wenn das Wasser in beiden Töpfen kocht, gibst du mit einem Löffel die Eier hinein und nimmst sie nach sechs Minuten wieder heraus. Welches Ei ist wohl härter?

Ergebnis:

Durch die Wärme der Kochplatten geraten die Wassermoleküle in stärkere Bewegung und brauchen daher mehr Platz. Das Wasser dehnt sich also aus. Dabei gelingt es einigen Molekülen an der Oberfläche, den Verband des „flüssigen Wassers" zu verlassen und als Wasserdampf fortzufliegen. Leider nehmen sie einen Teil der Wärmeenergie mit, die sie von der Herdplatte bekommen haben. In dem „offenen" Topf werden sich natürlich mehr Teilchen als Dampf verflüchtigen, da sie nicht – wie beim anderen der Fall – durch einen Deckel daran gehindert werden. Somit dürfte klar sein, warum das Wasser in Topf 2 schneller kocht. Im Klartext: Kochen ohne Deckel ist Energieverschwendung!

Nach sechs Minuten Garzeit sind übrigens beide Eier gleich hart. Es macht nämlich keinen Unterschied, ob Wasser sprudelnd vor sich hin kocht oder nur langsam köchelt – die Siedetemperatur von Wasser beträgt 100 Grad Celsius, und heißer wird es bei normalem Druck auch nicht.

Wusstest du übrigens schon, dass ...?

... du beim Kochen auch mit ein paar anderen Tricks eine Menge Energie sparen kannst? Zum Beispiel hilft es, wenn du den Topf auf eine passende Kochplatte stellst – also kleine Töpfe auf kleine Platten, große Töpfe auf große Platten. So gelangt die gesamte Wärme, die der Herd erzeugt, in den Topf.

Gasherde, die mit offener Flamme brennen, bieten den Vorteil, dass sie sehr schnell Hitze erzeugen, sich aber auch sofort und ohne Nachwärme abstellen lassen.

Außerordentlich energiesparend (aber leider auch sehr teuer) sind so genannte *Induktionsherde*: Hier sieht man keine Herdplatten mehr, sondern nur noch ein großes Kochfeld. Dieses Feld gibt nur dort Hitze ab, wo ein direkter Kontakt der Pfannen und Töpfe mit dem Kochfeld besteht.

Das Summen, Schnalzen und Plätschern, das du beim Wasserkochen hörst, entsteht übrigens dadurch, dass zunächst der Topfboden erhitzt wird. Dabei bilden sich kleine Bläschen, die schnalzend zerplatzen und dabei sozusagen „im Chor" das Summen verursachen, das du vom Wasserkessel her kennst. Die Kochgeräusche werden mit der Zeit lauter, weil die Blasen immer größer werden und in kühlere Wasserlagen aufsteigen. Wenn sie endlich an die Wasseroberfläche gelangt sind und dort zerfallen, hörst du dann das typische Plätschern von kochendem Wasser. Das Knacken in einem älteren Wasserkessel entsteht, wenn die Blasen beim Hochsteigen einen Teil der abgelagerten Kalkplättchen, den so

genannten Kesselstein (siehe auch „Entkalkung im Schongang", Seite 187), ablösen.

Gute und schlechte Wärmeleiter

Wie oft geschieht es, dass du einen heißen Topf vom Herd nehmen willst und dir die Hände verbrennst? Wohl vor allem dann, wenn seine Henkel aus Metall sind. Hat der Topf einen Griff aus Kork oder Plastik, wird es dagegen kaum passieren. Auch wenn du ihn mithilfe eines Topflappens oder Küchenhandschuhs herunternimmst, bekommst du keine Brandblasen.

Der Grund dafür liegt in der unterschiedlichen Wärmeleitfähigkeit verschiedener Stoffe. Einige von ihnen geben Hitze nämlich schneller, andere nur zögerlich weiter. Welcher Stoff wie gut Wärme leitet, sollen dir die beiden folgenden Experimente zeigen.

Material:
EXPERIMENT 1:
3 gleich große Wachskügelchen
1 dickes Stück Kupferdraht
1 Eisennagel
1 Bleistiftmine, so eine, wie man sie für nachfüllbare Bleistifte verwendet; du bekommst sie im Schreibwarenfachhandel (Draht, Nagel und Mine sollten nach Möglichkeit die gleiche Länge und Dicke besitzen)
3 Wäscheklammern aus Holz
1 Teelicht
eine Stoppuhr, Streichhölzer

EXPERIMENT 2:
1 Eierlöffel aus Plastik
1 Löffelchen aus Edelstahl oder Chromagan
1 Teelöffel aus Silber
1 Zierlöffel aus Porzellan
1 gläserner Rührlöffel (z. B. für Fruchtsäfte)
etwas Schmalz, Margarine oder Butter
5 halbe Erdnüsse
1 große Tasse
heißes Wasser
ANMERKUNG: Alle Löffel sollten nach Möglichkeit die gleiche Größe haben.

Durchführung:
EXPERIMENT 1: Stecke jeweils ein Wachskügelchen fest auf die Spitze des Drahts, des Nagels und der Bleistiftmine. Klemme eine Wäscheklammer an die Mitte des Drahts, und verfahre mit Nagel und Mine genauso. (Achte bei der Bleistiftmine darauf, dass sie dabei nicht durchbricht.) Zünde das Teelicht an, und halte anschließend nacheinander das freie Ende (also die Seite, wo kein Wachskügelchen liegt!) von Draht, Nagel und Mine über die Kerzenflamme. Stoppe die Zeit ab dem Moment, wo du das Ende in die Flamme hältst, bis zu dem Zeitpunkt, wo die Wachskügelchen herunterfallen.
EXPERIMENT 2: Lege die Löffel nebeneinander, und schmiere etwas Fett auf jedes Stielende. Darauf setzt du dann jeweils eine halbe Erdnuss. Anschließend stellst du die Löffel in die Tasse und schüttest heißes Wasser hinein. Was passiert?

Ergebnis:
Experiment 1: Das Wachskügelchen auf dem Kupferdraht wird als Erstes heruntergleiten, danach das auf dem Eisennagel. Kupfer und Eisen sind Metalle, die Wärme sehr gut leiten. Ein schlechter Wärmeleiter ist die Bleistiftmine – hier dauert es am längsten, bis die Wachskugel abfällt. (Bleistiftminen sind nicht aus Blei, sondern aus Grafit, einer Kohlenstoffverbindung. Daher besteht auch die Gefahr, dass die Mine verbrennt, wenn du sie zu dicht in die Flamme hältst.)

Experiment 2: Als Erstes wird die Erdnuss vom Stiel des Silberlöffels abgleiten, danach die Nüsse, die auf den Stielen aus Stahl (Chromagan), Glas und Porzellan liegen. Beim Plastiklöffel wird die Erdnuss überhaupt nicht rutschen.

Generell leiten Metalle Wärme besser als andere Stoffe, wobei Silber mit zu den Spitzenreitern zählt: Es leitet Wärme 9-mal besser als Stahl und fast 360-mal besser als Glas und Porzellan! Hingegen kann Plastik Wärme so gut wie gar nicht leiten, weshalb man es oft zum Isolieren verwendet – z. B. an den Griffen von Pfannen, Töpfen und Bügeleisen.

Wusstest du übrigens schon, dass ...?

... man mithilfe der Wärmeleitfähigkeit von Stoffen verhindern kann, dass Glas springt? Wenn man beispielsweise beim Einkochen von Johannisbeermarmelade die heiße Masse in Gläser abfüllen oder sich eine heiße Zitrone im Teeglas zubereiten will, empfiehlt es sich, einen sauberen Silberlöffel in das Tee- oder Marmeladenglas zu

stellen. Wird dann die Marmeladenmasse oder das heiße Wasser eingefüllt, leitet der Löffel einen Teil der Wärme ab. So werden die Gläser nicht zu heiß und zerplatzen auch nicht.

Coole Socken

Die heißen Tage im Hochsommer können einen ganz schön ins Schwitzen bringen. Wenn du gerne draußen faulenzt, brauchst du aber auch im prallen Sonnenlicht nicht Gefahr zu laufen, dass dir zu heiß wird. Ein Kniff aus der Trickkiste der Physik hilft dir, zumindest die Füße kühl zu halten. (Wenn du auch noch einen kühlen Kopf bewahren willst, benötigst du eine Kappe aus hellem Stoff – warum das so ist, erfährst du im Versuch „Warum der Eisbär frieren müsste ..." auf Seite 110.)

Material:
1 Paar Socken
Wasser

Durchführung:
Weiche den einen Socken im Wasser ein, und wringe ihn anschließend leicht aus. Dann begib dich an ein sonniges Plätzchen, wo du dir beide Strümpfe anziehst. Leg dich so hin, dass die Sonne auf deine Füße scheint. Was merkst du nach einiger Zeit?

Ergebnis:
Der Fuß mit dem nassen Socken wird dir kühler vorkommen als der mit dem trockenen. Grund dafür ist die so genannte Verdunstungskälte. Wenn Wasser (oder jede andere beliebige Flüssigkeit) von einer Oberfläche verdunstet, geht es vom flüssigen in den gasförmigen Zustand über – und dieser Vorgang verbraucht Energie. Die wird in Form von Wärme aus der Umgebung abgezogen – also von der Haut an deinem Fuß, weshalb dir dort kalt wird.

Dasselbe Phänomen hast du bereits beim Versuch mit der Eisangel beobachtet (Seite 28), nur war dort die Abkühlung beim Übergang vom festen Zustand (Eis) in den flüssigen (Wasser) eingetreten.

Wusstest du übrigens schon, dass ...?

... das Prinzip der Verdunstungskälte auch erklärt, warum wir Menschen schwitzen, wenn es heiß ist? Oder warum uns beim Sport und bei körperlicher Arbeit warm wird? Der Sinn des Schwitzens liegt nämlich nicht darin, dass wir täglich die Unterwäsche wechseln müssen oder die Deospray-Industrie viel Geld einnimmt. Das Schwitzen dient vielmehr als Schutz gegen Hitze. Wenn nämlich der Schweiß auf der Haut verdunstet, wird uns dadurch kühler. Diese Abkühlung muss sein, weil sonst im Körper zu hohe Temperaturen entstünden, ähnlich wie bei hohem Fieber – und das schadet uns natürlich. Daher ist Schwitzen gut. Den Abkühlungseffekt können wir noch verstärken, indem wir uns mit einem Fächer Luft zufächeln oder uns vor einen laufenden Ventilator stellen: In beiden Fäl-

len wird die Verdunstung des Schweißes durch die vorbeiströmende Luft beschleunigt, uns wird also schneller kalt. Hunde, die nicht schwitzen können, behelfen sich, indem sie hecheln und dabei stoßweise kalte Luft ein- und warme ausatmen, und das nicht nur an den so genannten Hundstagen, jenen besonders heißen Hochsommertagen im August.

In der kalten Jahreszeit kann der hier beschriebene Abkühlungseffekt für dich aber auch recht unangenehme Folgen haben: Wenn du nach starkem Schnee- und Regenfall völlig durchnässte Schuhe und Strümpfe hast, bewirkt die Verdunstungskälte, dass du zu frösteln beginnst, dein Körper wird geschwächt, und du ziehst dir unter Umständen eine Erkältung zu. Andererseits kannst du dank der Verdunstungskälte bei einer Gartenparty auch die Getränke auf ganz einfache Weise kühl halten: Du brauchst nur die (allerdings am besten vorgekühlten) Cola- und Limoflaschen mit feuchten Handtüchern zu umwickeln, in die Sonne zu stellen und regelmäßig mit Wasser zu besprühen – und schon bleibt die Limonade wunderbar kühl!

Von Masse bis Wasser

Archimedes in der Wanne

Dem berühmten griechischen Wissenschaftler Archimedes, den du ja bereits aus dem Vorwort kennst, sollen seine Erkenntnisse über den Auftrieb in der Badewanne gekommen sein: Demnach ist das Gewicht eines schwimmenden Körpers genauso hoch wie das Gewicht der Wassermenge, die dieser dabei verdrängt.
Der folgende Versuch zeigt dir anschaulich dieses „Archimedische Prinzip".

Material:
1 breites Einmachglas
1 Bauklötzchen
eine Waage, Wasser

Durchführung:
Fülle das Glas bis zum Rand mit Wasser, und wiege es anschließend. Legst du ein Bauklötzchen hinein, wird Wasser überlaufen und das Klötzchen auf der Oberfläche schwimmen. Wenn du nun das Glas zusammen mit dem schwimmenden Bauklötzchen wiegst, wird es dann schwerer oder leichter sein als zuvor?

Ergebnis:
Das Wasserglas wird genauso viel wiegen wie vorher, denn nach dem Prinzip des Archimedes besaß das Wasser, das der kleine Baustein verdrängt hat, das gleiche Gewicht wie das hinzugefügte Klötzchen. Leichte Schwimmkörper verdrängen also weniger Wasser als schwere – ganz gleich wie voluminös sie sind. Anders

ist das bei Gegenständen, die nicht schwimmen, sondern untergehen: Sie verdrängen immer das ihrem Rauminhalt entsprechende Volumen an Wasser. Ein Kilogramm „leichteres" Silber nimmt mehr Raum ein als ein Kilo „schwereres" Gold. (Man sagt auch, Silber hat eine geringere Dichte als Gold.) Wirft man beides ins Wasser, verdrängt das Silber daher mehr Flüssigkeit. Auch dieses Gesetz kannte Archimedes. So gelang es ihm übrigens, einen betrügerischen Goldschmied zu überführen. Dieser hatte heimlich Silber zur Herstellung einer angeblich aus reinem Gold bestehenden Krone verwendet. Archimedes nahm die Krone und wog sie; sagen wir, ihr Gewicht betrug 200 Gramm. Dann besorgte er 200 Gramm reines Gold. Anschließend füllte er genau wie du eine Schüssel mit Wasser, legte die Krone hinein und fing das überlaufende Wasser in einer Schale auf. Nun füllte er die Schüssel wieder auf, legte den Goldklumpen hinein und sammelte erneut das übergelaufene Wasser. Zum Schluss brauchte Archimedes nur noch beide Überlaufmengen miteinander zu vergleichen: Wäre es gleich viel gewesen, hätte es sich in beiden Fällen um reines Gold gehandelt. Doch leider hatte die Krone mehr Wasser verdrängt − ein Beweis dafür, dass leichteres Silber untergemengt war. Der Übeltäter war überführt, und Archimedes hatte einen triumphalen Sieg errungen!

Der Haken beim Fisch am Haken

Falls du schon mal an Bord eines Segelbootes warst, weißt du bestimmt, dass man das Deck zum Abschluss einer Segeltour säubern muss. Dazu wirft man meist einen Eimer an einer Leine aus (die man natürlich festhalten sollte, sonst ist der Eimer weg) und zieht ihn gefüllt wieder an Bord. Während der volle Eimer noch im Wasser schwimmt, geht das Ganze kinderleicht, doch sobald du ihn aus dem Wasser hieven willst, wird er plötzlich schwer wie ein Stein. Das Gleiche würde dir auch beim Angeln passieren, wenn du einen schweren Fisch am Haken hättest: Die Angelrute, die eben noch gerade war, würde sich schlagartig durchbiegen, sobald du versuchen würdest, das Tier aus dem Wasser zu ziehen. Warum wohl?

Ergebnis:
Der Grund für diese scheinbare Gewichtszunahme ist wieder einmal das Archimedische Prinzip. Während der Eimer schwimmt, scheint er nur so schwer wie das von ihm verdrängte Wasser zu sein – also scheinbar federleicht. Seine „Schwebekraft" beruht auf dem Auftrieb. Ohne ihn könnten weder die Meerestiere noch wir Menschen und schon gar kein Boot schwimmen – ganz zu schweigen von den riesigen Kreuzfahrtschiffen und Tankern aus Stahl. Der mangelnde Auftrieb ist es übrigens auch, der einen gestrandeten Wal qualvoll verenden lässt. Sobald das Tier nämlich nicht mehr vom Wasser getragen wird, wird es durch das enorme Gewicht seines eigenen Körpers innerlich erdrückt.

Der Buddel-Wal

Das Spielzeug, das du dir hier bastelst, nutzt auf raffinierte Weise das Wechselspiel von Druck und Auftrieb. Anstelle eines Wals kannst du dir natürlich auch ein Unterseeboot oder etwas anderes bauen – deiner Fantasie sind da keine Grenzen gesetzt.

Material:
1 große Flasche mit etwas weiterer Öffnung
1 Gummikappe
1 großes Stück dicke Pampelmusen- oder Orangenschale
ein Taschenmesser, wasserfeste Filzstifte, Wasser
ANMERKUNG: Die Gummikappe wird etwas schwierig zu bekommen sein; es handelt sich um eine Kappe, wie sie früher bei der Mostherstellung verwendet wurde, um große Glasballons luftdicht zu verschließen. In einem Haushaltswarengeschäft solltest du so etwas aber noch kaufen können.

Durchführung:
Schneide mit dem Messer aus der Pampelmusenschale einen Wal aus, und male ihn mit den wasserfesten Filzstiften an. Anschließend füllst du die Flasche bis zum Rand mit Wasser und gibst dein „Schalentier" hinein. (Du solltest über dem Spülbecken füllen, da das Wasser überlaufen wird, wenn du den Wal hineinsetzt. Wir wollen ja nicht dein Zimmer überschwemmen!) Dann verschließt du die Flasche dicht mit der Kappe. Es darf absolut keine Luft mehr dazwischen sein, evtl. musst

du sogar noch Wasser nachfüllen, bis die Flasche überläuft. Was passiert, wenn du jetzt fest auf die Kappe
drückst?

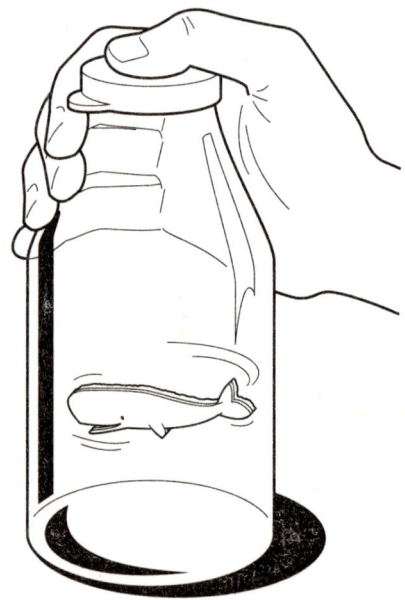

Ergebnis:
Die Fruchtschale schwimmt zunächst, weil in ihrem
Innern zahlreiche Luftbläschen eingeschlossen sind.
Wenn nun der Druck von außen erhöht wird (indem du
auf die Kappe drückst und dieser Druck auf das Wasser
übertragen wird), presst er die Luft in der Schale zusammen. Dadurch wird ihr Volumen kleiner und somit
auch die Menge des von ihr verdrängten Wassers. Folglich nimmt der Auftrieb ab – und der Wal sinkt zu
Boden. Sobald der Druck nachlässt, steigt dein „Schalentier" dann wieder nach oben.

Wusstest du übrigens schon, dass ...?

... Fische deshalb im Wasser aufsteigen und absinken, weil sie oft eine Schwimmblase besitzen, die mit Luft gefüllt werden kann? Wenn ein Fisch an die Wasseroberfläche will, bildet er mithilfe eines besonderen Organs, des so genannten „Wundernetzes", aus der Kohlensäure in seinem Blut das Gas Kohlendioxid. Dieses wird in die Schwimmblase abgegeben – und der Fisch schwebt nach oben (siehe dazu auch den Abschnitt „Nachweis von CO_2" auf Seite 180).

Magische Hühnereier

Dass die Eintauchtiefe eines Körpers im Wasser von seiner Dichte abhängt, müsste dir jetzt klar sein. Umgekehrt gilt aber auch, dass die Dichte einer Flüssigkeit darüber entscheidet, ob ein Körper nun darin schwimmt oder nicht. Dichte ist definiert als die Masse eines Stoffes pro gegebenem Rauminhalt (siehe auch den Versuch „Der schmelzende Eiswürfel", Seite 26), und sie ist für jeden Stoff charakteristisch. Das bedeutet, dass zwei Körper zwar durchaus gleich groß sein können, aber deshalb nicht zwangsläufig das gleiche Gewicht besitzen: Ein Bleiwürfel mit der Kantenlänge ein Zentimeter besitzt beispielsweise eine wesentlich höhere Dichte als ein gleich großer Holzwürfel (siehe auch „Archimedes in der Wanne", Seite 40)!

Material:
3 zylindrische Gläser (z. B. Senfgläser)
3 gehäufte Esslöffel Kochsalz
1 großes Marmeladenglas
3 rohe Hühnereier (von gleicher Größe)
eine Suppenkelle, Wasser

Durchführung:
Gib das Salz in das Marmeladenglas. Löse es unter Rühren in kaltem Wasser auf, bis die Lösung klar ist. (Nimm kein warmes Wasser, obwohl das Auflösen länger dauert, denn sonst erreichst du eine ungewollte wärmebedingte Durchmischung, die dein Experiment behindert.) Fülle eines der Gläser ganz, das zweite zur Hälfte mit Salzwasser. Die Lösung im halb vollen Glas überschichtest du mit kaltem Leitungswasser, das du

vorsichtig mit der Kelle eingießt. Anschließend füllst du das dritte Glas ganz mit kaltem Wasser. Gib jetzt behutsam jeweils eins der Eier in jedes Glas. Was geschieht?

Ergebnis:

Das erste Glas enthält stark konzentriertes Salzwasser, und das Ei schwimmt wie eine Boje auf der Oberfläche; im zweiten Glas, dessen Inhalt zur Hälfte aus Leitungs- und zur anderen Hälfte aus Salzwasser besteht, sinkt das Ei nur bis zur Mitte und schwebt dort. In Glas Nummer drei mit dem reinen Leitungswasser hingegen sinkt das Ei bis zum Boden hinunter.

Der Grund für das unterschiedliche Verhalten der Eier ist der Salzgehalt des jeweiligen Wassers. Gelöstes Kochsalz erhöht die Dichte der Flüssigkeit. Je dichter also diese ist, desto weniger tief sinken feste Körper darin.

Das konzentrierte Salzwasser besitzt die größte Dichte, ist also am schwersten. Das Ei kann weniger davon verdrängen und erfährt einen stärkeren Auftrieb als in salzfreiem Leitungswasser – also schwimmt es oben. Das zweite Ei sinkt durch das weniger dichte Leitungswasser hinunter, bis es auf die dichtere Salzlösung stößt. Hier schwebt es dann, genau auf der Grenze zwischen salzlosem und salzhaltigem Wasser. Das reine Leitungswasser besitzt die geringste Dichte. Das Ei erfährt daher weniger Auftriebskraft als die beiden anderen und sinkt zu Boden.

Wusstest du übrigens schon, dass …?

… das soeben von dir beobachtete Phänomen auch im Toten Meer in Israel wirkt? Da dieses Gewässer einen enorm hohen Salzgehalt besitzt, sinken die Badenden dort überhaupt nicht ein – man kann sich ins Wasser setzen und Zeitung lesen!

Briefwaage im Eigenbau

In diesem Versuch wollen wir uns die Schwerkraft praktisch zu Nutze machen. Dazu bauen wir uns eine ganz einfache Briefwaage. Allerdings kannst du damit nur das Gewicht eines einfachen Standard-Briefes (bis 20 Gramm) wiegen.

Material:
1 Streifen fester Karton (20 cm mal 10 cm)
1 Stück weißer Karton (50 cm mal 30 cm)
1 10-Pfennig-Münze
1 Zahnstocher
1 Pinn-Nadel
1 große Büroklammer
Klebeband, ein Filzstift, ein Locher, Reißzwecken
ANMERKUNG: Für die Eichung deiner Waage brauchst du zusätzlich entweder fünf 10-Pfennig-Stücke oder zwei 5-Mark-Stücke.

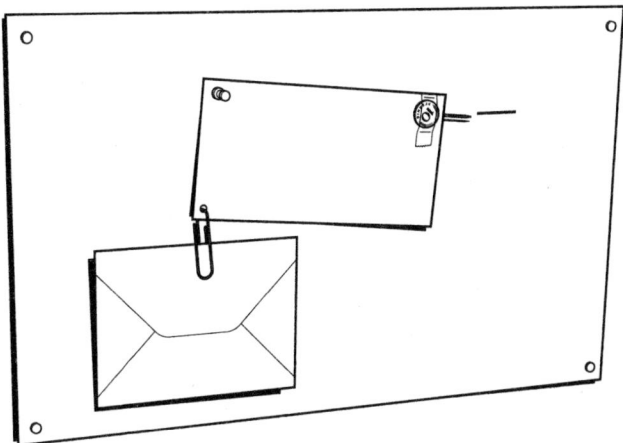

Durchführung und Ergebnis:

Mit etwas Klebeband befestigst du das 10-Pfennig-Stück in der rechten oberen Ecke des Kartonstreifens. Auf der umgekehrten Seite klebst du den Zahnstocher – ebenfalls in der rechten oberen Ecke – so fest, dass seine Spitze wie eine Zeigernadel nach rechts weist. In die linke untere Ecke stanzt du mit dem Locher ein Loch, durch das die Büroklammer gezogen wird (siehe Abbildung). Pinne jetzt die weiße Pappe mit Reißzwecken an die Wand, und befestige daran deine soeben hergestellte „Briefwaage" in ihrer linken oberen Ecke mit der Pinn-Nadel.

Nun erfolgt die Eichung der Waage: Klebe fünf 10-Pfennig-Stücke oder alternativ zwei 5-Mark-Stücke auf einen Klebestreifen. (Beides wiegt jeweils etwa 20 Gramm.) Hänge den Streifen mit den Münzen an die Büroklammer. Der Zahnstocher schlägt nun nach oben aus. Dort, wo er zur Ruhe kommt, setzt du mit dem Filzer eine Markierung. Anschließend kannst du den Streifen wieder abnehmen und einen Brief an die Büroklammer stecken. Wenn der Zahnstocher nun die Markierung überschreitet, stärker ausschlägt, ist der Brief zu schwer – das einfache Porto reicht dann nicht.

Als Faustregel gilt: Drei Schreibmaschinenseiten (DIN A4) wiegen zusammen mit Umschlag knapp 20 Gramm.

Österlicher Eiertest

Was ist die beliebteste Frage beim Ostereier-Färben? Ganz klar: „Ist das Ei gekocht oder nicht?" Von außen sieht man es ihm ja nicht an, und überzeugen kann man sich nicht, da die Schale unversehrt bleiben soll. Aus dieser Zwickmühle hilft uns der folgende Versuch.

Material:
1 flacher Teller
1 hart gekochtes Hühnerei
1 rohes Hühnerei

Durchführung:
Lege die Eier nacheinander auf den Teller, und bringe sie zum Drehen. Was beobachtest du?

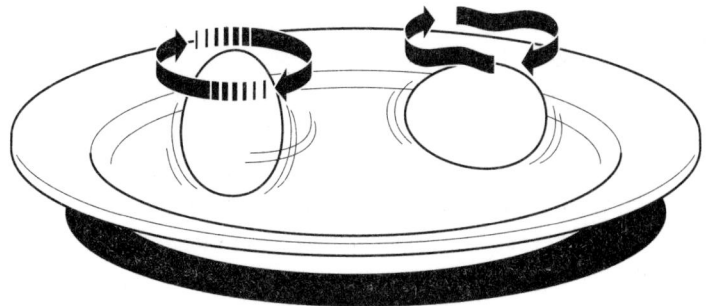

Ergebnis:
Das gekochte Ei wird sich aufrichten und sich dabei rasch drehen, wie ein Kreisel. Das rohe Ei hingegen schlingert ungleichmäßig auf dem Teller herum.

Knackpunkt bei diesem Versuch ist die unterschiedliche Massenträgheit der verschiedenen Bestandteile in den Eiern. Die Massenträgheit ist die Art und Weise, wie ein Stoff entsprechend seinem Gewicht (bzw. seiner Masse) auf die Beschleunigung durch die Zentrifugalkraft reagiert. Diese ist eine nach außen weisende Kraft, die bei kreisenden Körpern auftritt. Zusammen mit der ihr entgegengesetzten Zentripetalkraft ist sie unter anderem dafür verantwortlich, dass sich die Erde immer noch um die Sonne dreht.

Zurück zu den Eiern: Das gekochte Ei kreist schnell und gleichmäßig, da es mit einer unbeweglichen – weil nämlich gekochten – Masse gefüllt ist. Da sich sein Schwerpunkt in der dickeren, unteren Eihälfte befindet, richtet es sich während des Rotierens auf.

Anders verhält es sich beim rohen Ei: Hier haben wir es mit verschieden schweren Bestandteilen zu tun – zum einen das leichte, flüssige Eiklar, zum anderen der schwere Dotter, der zudem noch an der Hagelschnur im Inneren aufgehängt ist. (Diese freie Aufhängung hat den Vorteil, dass die Keimscheibe oben auf dem Dotter, aus der sich das Küken entwickeln soll, stets nach oben zeigt und daher genug Brutwärme von der Mutterhenne abbekommt.) Aufgrund der ungleichen Trägheit der beiden Massen müssten Dotter und Eiklar eigentlich mit unterschiedlicher Kraft beschleunigt werden – und das ist innerhalb der Eierschale nicht möglich. Folglich kann ein rohes Ei keine gleichförmige Drehbewegung ausführen, und es wird nach dem Anstoß nur wahllos auf dem Teller herumtrudeln. Wenn du es anhältst, wird es sich noch einen kurzen Moment weiterdrehen –

dies beruht auf der Trägheit der Dotterflüssigkeit, die noch ein bisschen in Bewegung bleiben möchte.

Wusstest du übrigens schon, dass ...?

... Babytassen ähnlich gebaut sind wie Eier? Auch sie haben ihren Schwerpunkt immer in der abgerundeten, unteren Hälfte. Wenn du eine solche Tasse einmal hingestellt hast, kannst du sie noch so sehr kippen oder drehen, umfallen wird sie nie! Auch die Stehaufmännchen sind nach diesem Prinzip konstruiert, und selbst manche Hochseejacht besitzt einen schweren Ballastkiel, der ein Kentern bei stürmischem Seegang verhindert.

Schon lange nutzt man übrigens die Zentrifugalkraft, um unterschiedlich schwere Stoffe voneinander zu trennen. In der Molkerei scheidet man so die schwere Sahne von der leichteren Milch, und auch Salat- und Wäscheschleudern arbeiten nach diesem Prinzip: Die Salatblätter (bzw. die nasse Wäsche) werden von einer Innentrommel gehalten, die mitrotiert, während die leichteren Wassertropfen durch die Trommel an die Innenwand der Schleuder gepresst werden. In der medizinischen und biologischen Forschung werden Hochleistungszentrifugen eingesetzt, die es sogar schaffen, die einzelnen Bestandteile tierischer und pflanzlicher Zellen voneinander zu trennen.

Dass Zentrifugalkraft aber auch Spaß machen kann, beweisen Kettenkarusselle und andere sich drehende Jahrmarktsvergnügen – obwohl manch ein Besucher nach so einer Fahrt das Gefühl hat, der Magen wäre ihm ebenfalls „zentrifugiert" worden!

Holzhacken ganz easy

Stell dir folgendes lästiges Problem vor: Deine Mutter bittet dich, den Hinterhof, die Treppe oder den Gehsteig zu kehren – und dir fällt dauernd der Feger vom Stiel, weil er zu locker ist. Wie kannst du dir helfen, ohne gleich einen neuen Besen kaufen zu müssen?

Material:
1 alter Besen mit lockerem Feger

Durchführung und Ergebnis:
Klopfe mit dem oberen Ende des Besenstiels mehrmals heftig auf den Boden. Was passiert? Der Feger wird

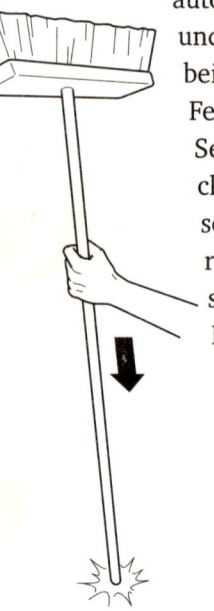

automatisch ein Stückchen herabrutschen und dann stecken bleiben. Der Trick ist hierbei die unterschiedliche Massenträgheit von Feger und Stiel (siehe „Österlicher Eiertest", Seite 51). Der Feger ist schwerer als der Stecken, besitzt also eine größere Masse und schiebt sich daher beim Klopfen mit höherer Wucht auf den Stiel. Dort verkantet er sich sozusagen durch die Kraft seines Eigengewichts.

Wusstest du übrigens schon, dass ...?

... man sich auch beim Holzhacken die Massenträgheit eines Körpers zu Nutze machen kann? Wer kleine, leichte Scheite zerhackt, nutzt beim Herabschlagen die größere Trägheit der schweren Beilklinge, sodass sich diese tief in das Holz bohrt. Umgekehrt ist es bei großen, knorrigen Holzstücken. Hier ist es sinnvoller, erst in das Scheit zu hacken, damit sich das Beil festsetzt. Vor dem nächsten Hieb kann man das Beil (samt anhaftendem Holzstück) in der Luft drehen, sodass nun der Rücken des Beils auf den Hackstock aufschlägt. Das Scheit besitzt diesmal nämlich eine größere Masse als die Klinge, deshalb wird es mit größerer Wucht auf die Schneide prallen, wobei sein Eigengewicht dazu beiträgt, es zu zerteilen. (Im Prinzip läuft das dann genauso ab wie bei Feger und Besenstiel.)

 ## Wasserbrücken

Das Prinzip, das hinter dem folgenden Experiment steckt, hilft dir, den Wasserwechsel bei einem großen Aquarium in null Komma nichts durchzuführen. Möglicherweise brauchst du bei diesem Versuch einen Assistenten.

Material:
2 Eimer
1 dünner Gummischlauch (ca. 1 m lang)
ein Stuhl, Wasser

Durchführung:

Fülle einen Eimer halb mit Wasser, und stelle ihn auf den Stuhl. Stelle den anderen, leeren Kübel neben dem Stuhl auf den Boden. Wie kannst du jetzt das Wasser aus dem ersten Eimer in den zweiten umfüllen, ohne den vollen Kübel zu kippen oder leer zu schöpfen?

Stecke dazu den Schlauch in den vollen Eimer, und sauge so lange an ihm, bis dir das Wasser in den Mund schießt. Nun drück den Daumen auf das Schlauchende, halte es nach unten in den leeren Eimer, und zieh den Daumen wieder weg. Du kannst den Schlauch auch am Wasserhahn füllen, musst dann aber beide Enden zuhalten und zuerst ein Ende in den vollen Eimer stecken. In beiden Fällen wird das Wasser aus dem oberen Kübel anschließend beginnen, in den unteren zu laufen.

Bitte deinen „Assistenten", den unteren Eimer anzuheben, bis dieser sich über dem Kübel auf dem Stuhl befindet. Das Wasser wird jetzt wieder in den ersten Eimer zurücklaufen. Befinden sich hingegen beide Kübel auf gleicher Höhe, so wird gar kein Wasser strömen.

Ergebnis:

Die treibende Kraft für den Wasseraustausch in diesem Experiment ist der Unterschied in der potenziellen Energie der beiden Eimer. Die potenzielle Energie eines Gegenstands hängt unter anderem davon ab, in welcher Höhe er sich befindet. Da der mit Wasser gefüllte Eimer auf dem Stuhl steht, der leere jedoch auf dem Boden, ist die potenzielle Energie des vollen Kübels

höher. Wenn das Wasser nun aus dem oberen in den unteren Eimer fließt, wird diese Differenzenergie frei. Das Wasser wird von der Schwerkraft der Erde herabgezogen (daher fallen Wasserfälle und Duschstrahlen immer nach unten), also zum unteren Schlauchende. Gleichzeitig drückt der Luftdruck das Wasser aus dem höher liegenden Gefäß in den Schlauch. Befinden sich beide Gefäße auf gleicher Höhe, so ist der Luftdruck in beiden gleich hoch, und es fließt gar kein Wasser mehr. Das automatische Hinüberlaufen klappt übrigens nur mit vollkommen luftfreien wassergefüllten Schläuchen. Sobald der Schlauch Luft ansaugt, verhindert der dann in ihm bestehende Luftdruck, dass Wasser aus dem höher gelegenen Gefäß in ihm steigt.

Wusstest du übrigens schon, dass ...?

... dieses Prinzip auch das „Gesetz der kommunizierenden Röhren" genannt wird? Aufgrund dieser Gesetzmäßigkeit überragten die Wassertürme, die Ende des 19. Jahrhunderts gebaut wurden, fast immer die Dächer der damaligen Städte. Dadurch, dass der Tank des Wasserturms so hoch lag und alle Haushalte mit ihm über luftfreie, wassergefüllte Rohre verbunden waren, konnte das Wasser im Leitungssystem auch problemlos zu den Wasserhähnen in den höheren Etagen emporsteigen.

Das übervolle Wasserglas

„Einer geht noch, einer geht noch rein ..." ist der Refrain eines Liedes, mit dem Fußballfans ihre Mannschaften anspornen, mehr Tore zu schießen. Auf die Idee, dass dieses Lied auch auf ein volles Wasserglas zutreffen könnte, würden die Fans sicherlich nicht kommen – du vielleicht? Die beiden folgenden Versuche zeigen dir, welch enorme Kraft die Wassermoleküle zusammenhält.

Wenn du willst, kannst du bei diesem Experiment auch einen Wettbewerb mit deinen Freunden veranstalten: Wer es schafft, die meisten Münzen in einem Wasserglas zu versenken, ist der Champion.

Material:
2 Wassergläser
1 Sahne- oder Milchkännchen (aus dem Kaffeeservice deiner Eltern)
1 Spielmünze (Jeton) aus Plastik
10–20 kleine Münzen (10-Pfennig-Stücke oder 10-Cent-Stücke)
Wasser, Spülmittel
ANMERKUNG: Anstelle der Spielmünze kannst du im ersten Experiment auch eine Pfandmarke für Einkaufswagen nehmen – oder Münzen aus Aluminium (Waschmarken bzw. alte 10-Pfennig-Stücke aus der ehemaligen DDR).

Durchführung:

EXPERIMENT 1: Fülle ein Glas bis zum Rand mit Wasser, und lasse den Jeton obenauf schwimmen. Wie schaffst du es, ihn genau in die Mitte des Glases zu bewegen, ohne ihn anzufassen?

EXPERIMENT 2: Gieße in das zweite Glas ebenfalls Wasser ein, bis es randvoll ist. Wie viele 10-Pfennig-Stücke passen jetzt wohl noch hinein, ohne dass es überläuft? Was passiert, wenn du einen Tropfen Spülmittel hinzugibst?

Ergebnis:

EXPERIMENT 1: Wenn du aus dem Sahnekännchen tropfenweise Wasser hinzugibst, wird der Wasserspiegel ansteigen und die Oberfläche sich aufwölben. Die Münze schwimmt zunächst am Rande des Glases, wird aber dann später aufgrund der Anziehungskräfte (Adhäsionskräfte) zwischen Münze und Wasser in die Mitte des Glases – quasi auf den Scheitel des „Wasserberges" – gesogen.

EXPERIMENT 2: Wie viele Münzen in das Wasserglas passen, hängt vom Geschick des Durchführenden und vom Durchmesser des Glases ab. Auch hier wird sich die Wasseroberfläche aufwölben. Am geschicktesten ist es, die Münzen nicht zu werfen, sondern sie auf dem Glasrand aufzustützen und dann langsam hineingleiten zu lassen.

Das Phänomen, das du in beiden Experimenten nutzt, ist die so genannte Oberflächenspannung. Das ist die Kraft, die die Wassermoleküle an der Grenze zur Luft zusammenhält. Im Wasser ist jedes Wassermolekül rundherum von anderen Wasserteilchen umgeben, von denen jedes seine Nachbarn gleichmäßig anzieht. An der Wasseroberfläche fehlen den obersten Molekülen aber einige ihrer gleichartigen „Wassernachbarn" – aus diesem Grund sind die Anziehungskräfte untereinander größer. So entsteht die Wölbung der Flüssigkeit über dem Glasrand. Ein Tropfen Spülmittel reicht allerdings schon, um die Oberflächenspannung schlagartig in sich zusammenbrechen zu lassen: Die Kohäsionskräfte der Wassermoleküle werden schwächer, und das Wasser „entspannt sich" – sozusagen.

Gigantische Seifenblasen

Ein besonders unterhaltsamer Effekt der Oberflächenspannung erlaubt dir, wahrhaftig gigantische Seifenblasen zu pusten. In den folgenden beiden Versuchen stellst du zuerst wahre Riesenblasen her, und dann untersuchst du das Verhalten von Seifenfilmen.

Material:
200 Milliliter (= 0,2 Liter) klares Geschirrspülmittel
300 Milliliter (= 0,3 Liter) Glyzerin
1 Messbecher
1 flache Schale
1 kleines Glas
1 Kleiderbügel aus Draht (oder ein Stück
Blumendraht von 30 Zentimetern Länge)
1 Zwirnsfaden (10 Zentimeter lang)
eine Schüssel, ein Löffel zum Rühren, Wasser
ANMERKUNG: Glyzerin kannst du in Apotheken, Baumärkten, Malergeschäften und Chemiefachläden kaufen. Es ist allerdings nicht billig – besonders nicht in der Apotheke!

Durchführung:
EXPERIMENT 1: Gieß Wasser, Glyzerin und Spülmittel in die Schüssel, und vermische alles. Dann biege den Kleiderbügel oder Draht so zusammen, dass eine große Schlaufe entsteht. (Achtung, Verletzungsgefahr! So ein Bügel lässt sich oft schwer verbiegen und bricht dann leicht.) Tauche die Schlinge kurz in deine Mischung ein, und puste dann hinein. Was wird geschehen?

EXPERIMENT 2: Fülle die flache Schale mit Leitungswasser. Dann knote den Faden an den Enden zusammen, sodass er eine Schlaufe bildet. Lege diese auf die Wasseroberfläche. Anschließend gib mit dem kleinen Glas einen Tropfen deiner Mischung aus Experiment 1 in die Schlaufe. Was passiert?

Ergebnis:
EXPERIMENT 1: Mit ein bisschen Übung und Geschick erhältst du schon bald die größten Seifenblasen, die du jemals gesehen hast. Und sie werden auch noch recht lange halten! Durch den Zusatz von Spülmittel wird der

Zusammenhalt der Wassermoleküle gelöst und die Oberflächenspannung des Wassers nimmt ab. Das bewirkt übrigens beim Spülen, dass Schmutz und Essensreste leichter vom Geschirr gelöst werden können. In deinem Experiment entstehen dadurch die riesenhaften Seifenblasen. Glyzerin erhöht ihre Langlebigkeit.

EXPERIMENT 2: Die Schlaufe wird schlagartig gestrafft und kreisrund. Der Tropfen Spülmittel bewirkt nämlich, dass die Oberflächenspannung der „Wasserhaut" und damit der Zusammenhalt der Wassermoleküle aufgelöst werden. Dabei streben die Wasserteilchen an der Oberfläche von der Stelle aus, wo das Spülmittel hineingetropft wird, sternförmig auseinander und spannen so die Schlaufe.

Die schwimmende Rasierklinge

Metall ist doch schwerer als Wasser, oder? Also dürfte es auch nicht schwimmen, sondern müsste im Wasser untergehen. Dass dem nicht zwangsläufig so ist, beweist der folgende Versuch.

Material:
1 breite Schale
1 Blatt Löschpapier
1 Büroklammer
1 Stecknadel
1 Metallknopf
1 Rasierklinge (Vorsicht, Verletzungsgefahr!)
eine Gabel, eine Schere, Wasser

Durchführung:
Schneide aus dem Löschpapier mehrere kleine Quadrate aus (jedes etwa fünf mal fünf Zentimeter groß). Jetzt fülle die Schale mit Wasser. Platziere nun eines der Löschpapierquadrate auf die Gabel, darauf die Rasierklinge, und leg dann beides mithilfe der Gabel in die Schale. Verfahre genauso mit den restlichen Gegenständen (Nadel, Knopf und Büroklammer). Was passiert?

Ergebnis:
Das Löschpapier wird sich mit Wasser voll saugen und anschließend zu Boden sinken. Die Metallgegenstände werden aber von der „Wasserhaut", die sich aufgrund der Oberflächenspannung gebildet hat, getragen und gehen erst unter, wenn man sie anstupst und die Oberflächenspannung so zerstört. Ein Tropfen Spülmittel im Wasser würde übrigens dasselbe bewirken.

Wusstest du übrigens schon, dass ...?

... manche Kleintiere – wie beispielsweise der Wasserläufer (ein Insekt) oder einige Wasserspinnen – nur aufgrund der Oberflächenspannung auf dem Wasser laufen können? Sie krabbeln auf der „Wasserhaut" herum.

 ## Das Zauberwasser

Das folgende Experiment ist so faszinierend, dass man damit fast schon im Zirkus auftreten könnte.

Material:
1 Wasserglas
1 relativ glatte Plastikscheibe (zum Beispiel ein alter Kaffeedosendeckel)
Wasser
ANMERKUNG: Die Plastikscheibe muss auf jeden Fall größer sein als der Durchmesser des Wasserglases!
ÜBRIGENS: Wenn du dich nicht so geschickt anstellst, kann es bei diesem Experiment unter Umständen recht nass zugehen. Führe den Versuch daher bitte im Badezimmer oder in der Küche über der Spüle durch!

Durchführung:
Fülle das Glas randvoll mit Wasser. Lege die Scheibe so auf das Glas, dass keine Luft dazwischen liegt. Halte anschließend den Deckel fest, und drehe das Glas in einem Rutsch auf den Kopf. Was passiert, wenn du den Deckel loslässt? Bekommst du dann nasse Füße?

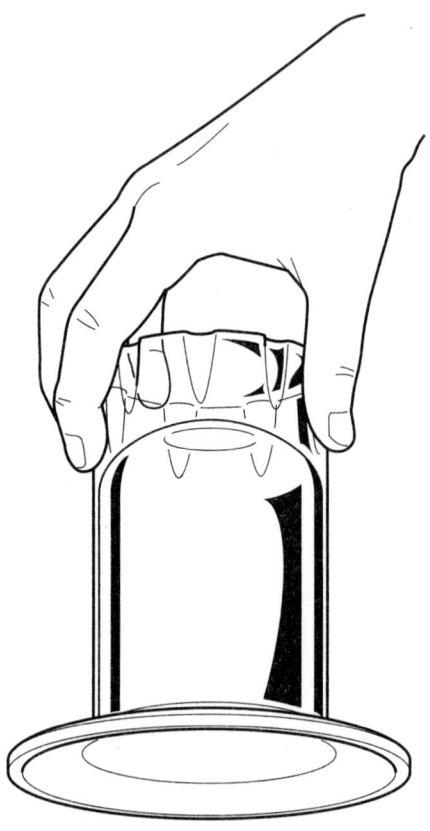

Ergebnis:

Nein! Der Deckel wird am Glas haften bleiben (allerdings darfst du es nicht schütteln). Ausschlaggebend ist
hier nicht die Adhäsionskraft des Wassers, sondern die
Tatsache, dass der Luftdruck, der von unten gegen die
Scheibe drückt, stärker ist als das Gewicht des Wassers,
das von oben auf ihr lastet. Deshalb bleibt der Deckel
wie von Zauberhand am Glasrand kleben.

Messerhart wie Papier?

Dass man sich an Papier schneiden kann, hast du sicher auch schon erlebt – zum Beispiel, wenn du einen Stapel Zettel sortiert oder einen Brief zusammengefaltet hast. Aber dass Papier selbst einer scharfen Messerklinge widersteht, kann ja wohl nicht wahr sein ... oder doch? Der folgende Versuch verrät dir interessante Einzelheiten.

Material:
1 großes, scharfes Fleisch- oder Küchenmesser
(ohne Sägezahnung! Vorsicht, Verletzungsgefahr!)
1 Blatt Schreibpapier
1 Banane
eine Schneide-Unterlage (z. B. ein Brettchen)
eine Schere

Durchführung:
Schneide von dem Papierbogen einen 15 mal 6 Zentimeter großen Streifen ab, und falte diesen. Lege ihn so um die Messerklinge, dass die Schneidekante in der Papierfalte liegt. Jetzt probier mit dem „eingepackten" Messer die Banane durchzuschneiden. Was passiert?

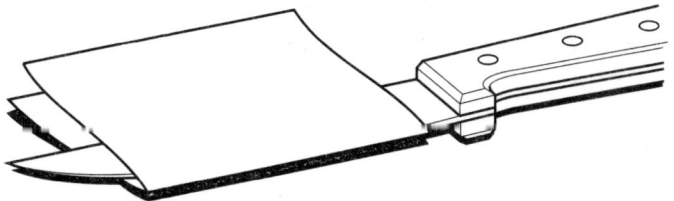

Ergebnis:

Das Messer wird die Banane durchschneiden, ohne das Papier dabei zu beschädigen. Messer und Papier dringen gleichzeitig in die Banane ein. Dabei drückt die Klinge zwar auf das Papier, gleichzeitig übt jedoch auch die Masse der Banane einen Gegendruck auf die andere Papierseite aus. Da die Banane weicher ist als das Papier, wird es nicht durchtrennt. Das Ganze klappt übrigens nur, wenn das Papier locker mit dem Messer mitzieht; wird es aber von hinten festgehalten, dann verhindert die Zugkraft den „Druckausgleich", und das Messer fährt auch durch das Papier.

Wusstest du übrigens schon, dass ...?

... Messer umso schärfer sind, je schmaler ihre Klinge ist? Ist die Schnittfläche dagegen breiter, dann muss man viel Druck ausüben, um etwas zu schneiden. Deswegen müssen Messer von Zeit zu Zeit geschliffen werden. Durch das zeitliche Abschleifen wird die Oberfläche der Klinge wieder schmaler – und das Schneiden fällt leichter.

Einige Tiere besitzen von Natur aus einen eingebauten „Schleifmechanismus" – beispielsweise Seeigel, jene kleinen, stacheligen Kugeln, die du schon mal beim Baden oder Schnorcheln an den Felsufern warmer Meere gesehen hast. Seeigel wandern unter Wasser über Felsen und Steine, wo sie den dort wachsenden Algenrasen abraspeln. Ihre Zähne sitzen in übereinander liegenden Reihen am Ende von einer Art Schaufelbagger. Wenn nun ein Zahn abbricht, dann stets so, dass die Bruchstelle gleich die neue Klinge des nachfolgende Zahns bildet.

Licht und Sicht – mach mit!

Sonnenuhren selbst gebaut

Bevor die Menschen Uhren erfanden, wie wir sie heute benutzen, verriet ihnen allein der Stand der Sonne die aktuelle Tageszeit. Da die Sonne im Laufe eines Tages einmal über den Horizont wandert, legen auch die von ihr geworfenen Schatten tagsüber eine kreisförmige Wanderung zurück. Irgendwann kam ein findiger Kopf dann wohl auf den Gedanken, dass man die Wanderung dieses Schattens verfolgen und als Messgerät für die Zeit verwenden könnte – die erste Sonnenuhr war erfunden! Sonnenuhren waren bereits in vielen frühen Hochkulturen der Menschheit bekannt, sowohl bei den Assyrern, Ägyptern und Babyloniern im heutigen Nahen Osten als auch bei den Chinesen in Fernost sowie bei den Maya Mittelamerikas. In dem Versuch erfährst du, wie du dir sowohl eine große Sonnenuhr für den Garten als auch eine kleine für dein Fenster basteln kannst.

Material:
SMALLCAPS GROSSE SONNENUHR:
1 kleiner Blumentopf aus Ton
1 alter, nicht mehr benötigter Holzkochlöffel
(oder 1 glatter Holzstab)
eine Armbanduhr, eine Säge, ein wasserfester Filzstift
etwas Gips, Wasser

KLEINE SONNENUHR:
1 Stück fester Karton (z.B. alter Schuhkarton)
1 weißer Jogurtbecher

eine Armbanduhr, ein Filzstift, Klebeband (am besten Isolierband), ein Lineal, eine Schere (eventuell auch ein Federmesser oder ein Teppichbodenschneider), ein Bleistift

Durchführung:

GROSSE SONNENUHR: Säge das dicke Ende des Kochlöffels gerade ab. Stecke ihn in das Loch am Boden des umgestülpten Blumentopfs, sodass er fest sitzt und ganz gerade herausragt. (Eventuell kannst du ihn auch mit etwas feuchtem Gips befestigen.) Jetzt stelle deine fast fertige Sonnenuhr an eine Stelle im Garten oder auf der Terrasse bzw. dem Balkon, die den ganzen Tag über reichlich Sonnenlicht erhält. Du musst jetzt nur noch zu jeder vollen Stunde mit dem Filzstift einen Strich an den Topfrand machen, neben den du dann die jeweilige Zeit schreibst. Auf diese Weise bekommt deine Uhr ein richtiges Zifferblatt. Vom nächsten Tag an kannst du hier bei Sonnenschein die Uhrzeit ablesen.

KLEINE SONNENUHR: Für die Zimmer-Sonnenuhr schneidest du dir aus Schuhkarton ein etwa 20 cm mal 15 cm großes Stück aus. In die Mitte schneidest du einen Spalt von etwas 8 cm Höhe und 0,5 cm Breite (siehe Zeichnung). Wenn du die Arbeitsplatte in der Werkstatt eures Nachbarn benutzen kannst, zeichne die Umrisse am besten mit Bleistift vor, und ziehe sie dann mithilfe von Lineal und Teppichbodenmesser nach; so erhältst du saubere, glatte Schnitte. Halbiere den Jogurtbecher der Länge nach (wie auf der Zeichnung!), und befestige ihn auf dem Karton, sodass der Spalt überdeckt ist. Aus dem restlichen Karton schneidest du eine halbrunde Scheibe aus, mit der du den Becher oben abdeckst. Im Grunde genommen ist deine Sonnenuhr jetzt fertig, du musst sie nur noch eichen (das heißt, sie mit einem genauen Zifferblatt ausstatten). Dazu befestigst du sie mit Klebeband auf der Innenseite eines sonnigen Süd- oder Westfensters. Das Sonnenlicht dringt nun als dünner Strahl durch den Spalt und fällt auf die Wand des Bechers. Von hinten kannst du den Schatten des Strahls erkennen. Damit auch diese Sonnenuhr ein Zifferblatt bekommt, musst du wieder zu jeder vollen Stunde auf die Becherwand einen Strich machen und daneben die jeweilige Uhrzeit notieren.

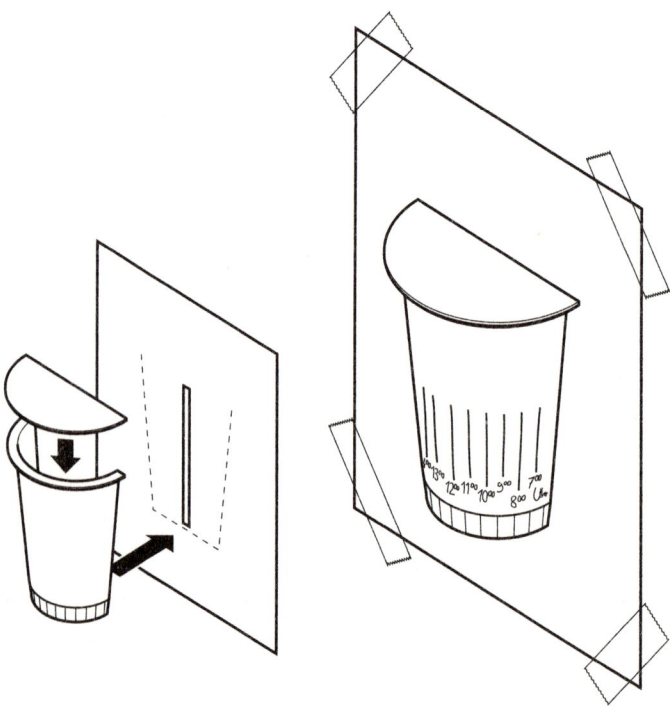

Wusstest du übrigens schon, dass ...?

... die Länge des Schattens (und so die Genauigkeit deiner Sonnenuhr) stark davon abhängt, wo du dich gerade befindest? Am Äquator steht die Sonne das ganze Jahr hindurch fast senkrecht und wirft nur kurze Schatten. Je weiter du dich dann von dort aus in Richtung der Pole entfernst, desto stärker verändert sich die Höhe des täglichen Sonnenstandes. Auch der Wechsel der Jahreszeiten übt einen gewissen Einfluss aus: Im Winter steht die Sonne nicht so hoch am Himmel, das heißt, die Schatten werden länger. Im Sommer ist der Sonnenstand am höchsten und die Schattenlänge relativ kurz.

Die erste eigene Kamera

In diesem Experiment wirst du zwar keine Super-Kamera bauen, wie sie in der Industrie hergestellt wird. Aber zumindest konstruierst du ein ähnliches Modell wie das, welches der französische Physiker Joseph Nicéphore Niepce im Jahre 1826 als Lochkamera oder Camera obscura der Öffentlichkeit präsentierte – den ersten „Fotoapparat" der Welt.

Material:
1 leere, schmale Konservendose (auf einer Seite offen)
1 Bogen schwarze Pappe
1 Bogen Pergamentpapier (bzw. Butterbrotpapier)
eine Schere, Klebeband, ein Stanznagel (für Kondensmilchdosen)

Durchführung:

Rolle die schwarze Pappe zu einem Kegel, und klebe ihn zusammen. Achte darauf, am spitzen Ende eine kleine Öffnung zum Durchgucken zu lassen. Das breite Kegelende muss fast denselben Durchmesser haben wie die Konservendose, damit du es später in die Dose schieben kannst. Schneide aus dem Transparentpapier einen Kreis aus, und lege ihn über das breite Kegelende. Diesen „Papierkreis" befestigst du nun mit Klebeband am Kegel – und fertig ist der Bildschirm, der erste Bestandteil deiner Kamera!

Mit dem Stanznagel bohrst du anschließend ein kleines Guckloch in den Boden der Dose. Jetzt schiebst du den Kegel in die Dose – und sofort kannst du deine Camera obscura benutzen.

Ergebnis:

Wenn du in einem hellen Raum – oder draußen, an einem sonnigen Tag – durch deine Kamera schaust, erkennst du auf dem Bildschirm ein Bild, das auf dem Kopf steht und auch noch seitenverkehrt ist. Du kannst es vergrößern oder verkleinern, indem du den Kegel weiter in die Dose hineinschiebst oder wieder herausziehst.

Licht wird von einer Lichtquelle immer in einer geraden Linie ausgestrahlt (siehe auch die Versuche „Durchblick auch im Trüben", Seite 86, sowie „Einblicke ins Wasser", Seite 88). Fällt es dabei durch eine Lochblende – in diesem Fall das ausgestanzte Loch deiner Konservendose –, dann laufen die Strahlen, die vom unteren Rand der Lichtquelle kommen, ganz gerade auf den oberen Rand deines Bildschirms, während die von oben kommenden Strahlen auf den unteren Bildschirmrand gelangen. Ähnlich verhält es sich mit den von links kommenden Strahlen – sie fallen auf den rechten Rand und umgekehrt. Dehalb steht das Bild in deiner Kamera auf dem Kopf und ist seitenverkehrt.

Auch unsere Augen sind eigentlich so gebaut, dass wir zeitlebens alles auf dem Kopf stehend sehen müssten. Unser Sehzentrum korrigiert diese Umkehrung, sodass wir zum Glück alle Dinge so sehen, wie sie sind. Das Prinzip der Lochkamera findet man in der freien Natur noch bei den Augen einiger Würmer, z. B. bei den Strudelwürmern, die in Bächen unter Steinen leben. Ihre Augen besitzen keine Linsen wie die unseren, sondern stellen von außen kommende Bilder nur mithilfe einer Lochblende scharf.

Kaleidoskop im Eigenbau

Ein altes beliebtes Spielzeug ist das Kaleidoskop, ein optisches Gerät, zu dem man durch Schütteln oder Drehen stets neue, farbenprächtige Bilder sehen kann. So ein Kaleidoskop lässt sich ganz einfach selbst bauen.

Material:
1 Ansichtskarte (am besten eine Hochglanz-Postkarte)
Haushalts-Klarsichtfolie
1 Bogen weißes Schreibmaschinenpapier
Karnevalsflitter
buntes Geschenkpapier
ein Metalllineal oder eine Metallschiene (aus der Werkstatt deiner Eltern), scharfes Küchenmesser (Vorsicht: Verletzungsgefahr!), Flüssigklebstoff, ein Bleistift, Klebeband, eine Schere

Durchführung:
Unterteile die Postkarte auf der weißen Seite mit Bleistift in vier gleiche Streifen (etwa 2–3 Zentimeter breit). Ritze sie mit dem Messer leicht an (du kannst dabei das Lineal als Hilfsschiene benutzen), ohne die Karte jedoch durchzuschneiden. Nun falze und knicke die Postkarte zu einer dreieckigen Hülse, wobei die glänzende Seite innen sein muss. Klebe die Hülse zusammen. Spanne Folie über beide Enden, und befestige sie mit Klebeband. Stelle die Hülse aufrecht, und schütte etwas Karnevalsflitter auf die obere Folie. Anschließend schneidest du aus dem Schreibpapier ein Dreieck aus, das du vorsichtig darüber legst und dann

sorgfältig rundherum festklebst (siehe Zeichnung). Zieh das Papier dabei nicht zu straff, da sich der Flitter später gut schütteln lassen muss! Zur Verzierung kannst du nun dein Kaleidoskop mit Geschenkpapier umspannen. Dazu schneidest du ein postkartengroßes Stück Papier aus und faltest es genauso wie zuvor die Ansichtskarte und beklebst damit die Außenseite deines Kaleidoskops.

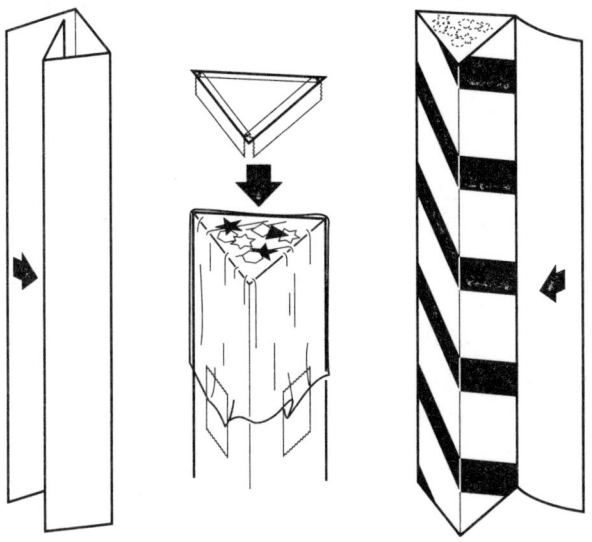

Ergebnis:
Wenn du nun durch die andere Seite der Hülse schaust, erkennst du ein sternförmiges Muster; die Hochglanz-Flächen der Postkarte reflektieren den Flitter dabei wie ein Spiegel und vervielfältigen ihn optisch. Bei jedem Antippen werden die Farbschnipsel geschüttelt, und das Bild verändert sich.

Um die Ecke gelinst ...

In diesem Versuch wollen wir uns ein einfaches optisches Gerät bauen, mit dem du um die Ecke blicken kannst – ein so genanntes Periskop.

Material:
1 saubere, leere, quadratische Giebeltüte (zum Beispiel eine Milch- oder Safttüte)
2 kleine, quadratische Taschenspiegel
eine Schere, Klebe- oder Isolierband (Letzteres hält besser), ein Winkelmesser, Flüssigklebstoff

Durchführung:
Um die Tüte besser handhaben zu können, solltest du sie oben und unten öffnen. (Achte aber darauf, dass du sie hinterher wieder zukleben kannst!) Schneide im oberen Drittel des Tetrapacks ein viereckiges Guckloch aus. Dasselbe machst du auf der gegenüberliegenden Seite im unteren Drittel. Befestige nun die beiden Spiegel mit Klebe- oder Isolierband im Inneren der Tüte. Sie müssen einander zugewandt, parallel und in einem Winkel von 45 Grad in den Ecken angebracht sein. Anschließend klebst du das Tetrapack an beiden Enden wieder zu. Fertig!
Wenn du nun an einer Ecke stehst und das Periskop dabei so an die Mauer hältst, dass es ein Stückchen über diese hinausragt, dann kannst du durch dein Guckloch wirklich „um die Ecke linsen".

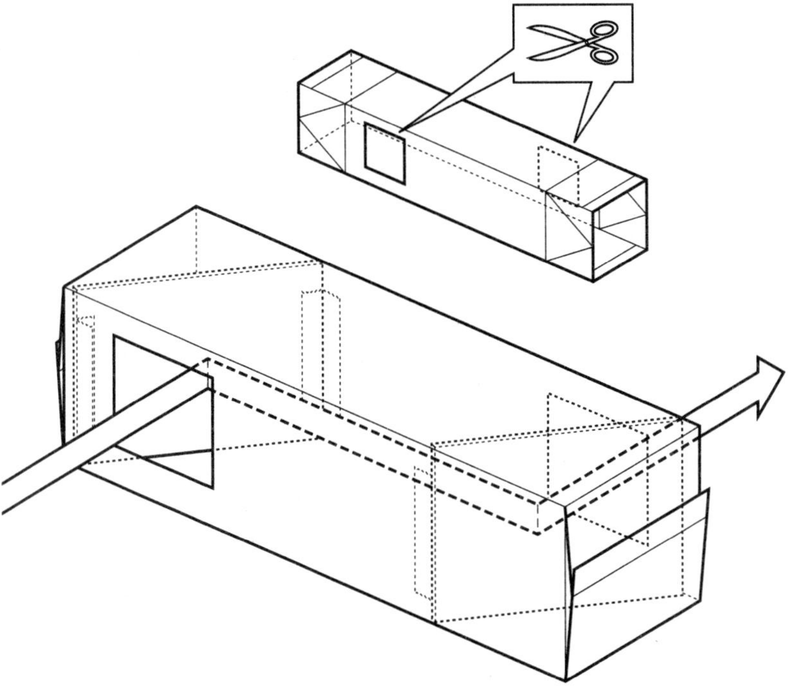

Ergebnis:

Wie du vielleicht weißt, stimmt der Ausfallwinkel eines Lichtstrahls stets mit seinem Einfallwinkel überein (siehe auch „Alien-Finger", Seite 92). Daher ist es wichtig, dass beide Spiegel im Inneren der Tüte in einem Winkel von 45 Grad montiert sind. Denn wenn ein Lichtstrahl in einem 45-Grad-Winkel einfällt, wird er auch im selben Winkel wieder reflektiert, sodass der Strahl innerhalb deines Periskops insgesamt eine Wendung um 90 Grad macht, also „um die Ecke geht".

Wusstest du übrigens schon, dass ...?

... diese Totalreflexion an Spiegelflächen in der Medizin als Untersuchungsmethode genutzt wird? Oft will ein Arzt in einen erkrankten Menschen hineinschauen, möchte ihn aber dazu nicht röntgen oder gar aufschneiden. Wenn beispielsweise ein kranker Magen untersucht werden soll, kann der Doktor dies mithilfe so genannter Spiegelungen (auch Endoskopien genannt) umgehen. Er führt dazu einen Schlauch durch den Mund und die Speiseröhre des Patienten in dessen Magen ein. Im Inneren dieses Schlauches befindet sich ein Bündel aus Glasfasern, an denen die einzelnen Lichtstrahlen gebrochen werden, die schwarze Innenfläche des Schlauchs dient wiederum als Spiegelfläche. Auf diese Weise kann der Arzt wie durch ein Periskop in die verschiedenen Ecken des Magens schauen.

Fotokopien von Hand gemacht

Wenn du deine Freunde oder Verwandten mit selbst gemalten Bildern beeindrucken willst, die ganz lebensecht aussehen, dann kann dir der folgende Versuch nützlich sein. Du erfährst hier nämlich, wie du auf einfache und doch raffinierte Weise Bilder „fotokopieren" kannst – und das ohne teure Geräte!

Material:
1 kleine, dünne Glasscheibe (Postkartenformat, am besten aus einem alten Bilderrahmen)

1 Bildvorlage (ein Foto, Abziehbild oder was
dir gerade gefällt)
1 Bogen weißes Papier
2 Buchstützen
eine Schreibtischlampe, Zeichenstifte
ANMERKUNG: Die Größe der Glasplatte richtet sich
nach der Größe deiner Vorlage; wenn du ein größeres
Bild kopieren willst, musst du also eine größere Scheibe verwenden.

Durchführung:
Lege deine Bildvorlage und das Zeichenpapier nebeneinander auf den Tisch. Dabei sollte das Bild auf der
Seite liegen, die deiner Schreibhand abgewandt ist –
wenn du mit der rechten Hand schreibst oder zeichnest, musst du es also links platzieren. (Als Linkshän-
der musst du für diesen Versuch entsprechend alles
genau seitenverkehrt aufbauen.) Anschließend stellst
du die Lampe neben das Bild und richtest ihren Strahl
so, dass dieser direkt auf die Vorlage fällt. (Von der
anderen Seite sollte möglichst kein Licht einfallen!)
Nun brauchst du nur noch die Glasplatte aufzustellen,
und zwar senkrecht zwischen Bild und Papier. Wenn du
jetzt von der Bildseite aus durch die Scheibe guckst,
erkennst du auf dem Papier plötzlich ein Abbild deiner
Vorlage. Je nachdem, wie du die Scheibe kippst oder
drehst, wird dieses größer bzw. kleiner. Während du
mit der linken Hand das Glas hältst, kannst du nun mit
der Rechten die Konturen des Bildes nachzeichnen.
Dabei darfst du weder Kopf noch Platte bewegen, da
sich sonst ja auch die Größe deines Bildes verändert!

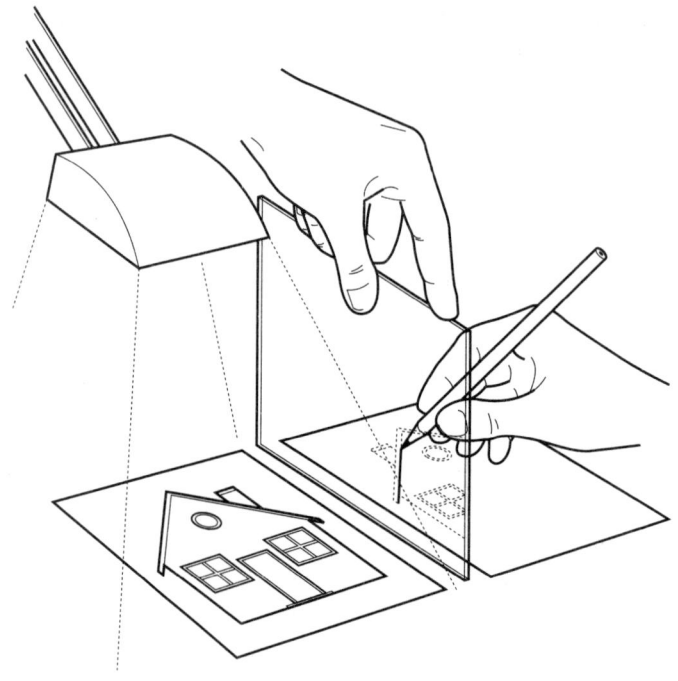

Ergebnis:

Das Bild, das du durch die Glasscheibe siehst, liegt in Wirklichkeit überhaupt nicht auf dem Papier. Die Lichtstrahlen der Lampe fallen schräg auf das Original, werden im gleichen Winkel von diesem wieder zurückgeworfen und treffen dann auf die Glasplatte. Dort werden sie erneut reflektiert und fallen auf die Netzhaut deines Auges. Tatsächlich handelt es sich also um eine Spiegelung der Vorlage. Sie wird aber nicht – wie in einem gewöhnlichen Spiegel – total reflektiert, sondern dringt durch die durchsichtige Glasplatte und liegt daher scheinbar hinter dieser.

Das Abzeichnen geht deshalb so einfach, weil du ja deine Hand und den Zeichenstift durch die Scheibe erkennen kannst. Denn da sie – im Gegensatz zum gespiegelten Bild – tatsächlich hinter der Glasplatte liegen, wird die Vorlage über sie „projiziert". Einen kleinen Schönheitsfehler hat dein Trick allerdings: Die Bilder, die du auf diese Weise zeichnen kannst, sind leider spiegelverkehrt!

Wusstest du übrigens schon, dass ...?

... nach demselben Prinzip auch die 1807 erfundene so genannte Camera lucida funktioniert? Sie diente als einfaches Hilfsmittel jahrelang zum Kopieren von Vorlagen. Die Camera lucida arbeitet nach dem Lochkamera-Prinzip, das du bereits in dem Versuch „Die erste eigene Kamera" (siehe Seite 73) kennen gelernt hast.

Mein erster Fotokopierer

In diesem Versuch erfährst du, wie moderne Fotokopierer arbeiten – und erstellst nach diesem Verfahren sogar selbst eine Fotokopie! Bei diesem Experiment brauchst du allerdings jemanden, der dir hilft.

Material:
2 Bögen dunkles Papier (schwarz, blau, dunkelgrün oder rot)
eine Dose Talkumpuder
2 dunkle Luftballons (blau und rot)

ein dicker Filzstift, ein Bleistift, ein Wollhandschuh,
ein Tablett
ANMERKUNG: Talkum bekommst du in der Apotheke;
eventuell kannst du stattdessen in der Drogerie auch
Fuß- oder Körperpuder kaufen. (Talkum dürfte aber
preiswerter sein.)

Durchführung und Ergebnis:
Blase die zwei Luftballons auf, und knote sie zu. Male
anschließend mit dem Filzstift ein großes Kreuz auf
beide. Dann zieh den Handschuh über, und reibe kräftig auf der Ballonhaut um das Kreuz herum. Nun schütte Talkumpuder auf das Tablett. Jetzt muss dein Helfer
aktiv werden: Sie oder er sollte das Tablett leicht hin-
und herschütteln, sodass sich darüber eine Puderwolke
bildet. In diese hältst du den Ballon, der sich durch die
Reibung elektrostatisch aufgeladen hat. Das Kreuz sollte dabei nach unten zeigen.
Der geladene Ballon zieht das Talkum an. Wenn sich
genügend Puder auf seiner Haut festgesetzt hat, rollst
du die entsprechende Stelle auf dem dunklen Papier
ab. Dadurch wird der Puder auf das Papier übertragen.
Dies ist deine erste Kopie – ein weißer Kreis!
Verfahre mit dem zweiten Ballon genauso wie mit dem
ersten – allerdings mit dem Unterschied, dass du zwischen dem Abreiben mit dem Handschuh (also der
elektrostatischen Aufladung) und dem „Ansaugen" des
Puders einen (grafithaltigen) Bleistift mit der Spitze
genau über das Kreuz hältst. Dadurch entlädt sich ein
Teil der Elektrizität – möglicherweise sogar mit einem
leisen Knistern. Dort, wo sich der Bleistift befand, wird

sich kein Puder festsetzen. Aus diesem Grund erhältst du diesmal als „Abzug" einen Kreis mit einem zentralen Loch – du hast den Buchstaben „O" kopiert!

Wusstest du übrigens schon, dass ...?

... auch „echte" Schwarzweißkopierer auf eine ähnliche Weise arbeiten? Die auf der Glasplatte liegende Vorlage wird von unten mit dem Licht einer Leuchtstoffröhre angestrahlt. Über ein Spiegelsystem und eine Linse reflektieren die weißen Stellen das Licht, während die schwarzen Teile des Bildes es „schlucken" (absorbieren). Die Linse projiziert das so gewonnene Abbild der Vorlage auf eine elektrisch geladene Walze. Diese dreht sich, während die Vorlage abgetastet wird, und das von den weißen Bereichen der kopierten Seite reflektierte Licht hebt die Ladung überall dort auf, wo es auf die Walze trifft. Auf der Rolle sind also zum Schluss nur noch die Stellen elektrisch geladen, die den schwarzen Teilen der Vorlage entsprechen. Diese geladenen Stellen ziehen das zugeführte Tonerpulver (fein gemahlenen Kohlestaub) an und bilden so auf der Walze eine Kopie der Vorlage. Der Toner wird dann auf ein stark geladenes Blatt Papier abgerollt und bleibt dort haften. Zum Schluss wird er durch Wärme fixiert, sodass eine wischfeste Kopie aus dem Kopierer kommt.

Wenn das Dokument farbig ist oder Graustufen aufweist, reflektieren diese Stellen das Licht unterschiedlich stark (je nachdem, wie dunkel sie sind). Die Kopie, die aus dem Schwarzweißkopierer kommt, weist daher verschiedene Graustufen auf.

Durchblick auch im Trüben

Für den Fall, dass du jemals in die Fußstapfen berühmter Detektive wie Sherlock Holmes oder Hercule Poirot treten möchtest, kannst du hier schon mal einen einfachen Kniff erfahren, wie du selbst durch trübes Milchglas hindurchschauen kannst.

Material:
eine Milchglasscheibe
1 Streifen durchsichtiger Klebefilm

Durchführung:
Befestige den Klebestreifen auf der milchigtrüben Scheibe (sie fühlt sich von außen etwas angeraut an), und streiche ihn mit dem Fingernagel oder einer Münze glatt. Versuch nun einmal hindurchzuschauen. Klappt es?

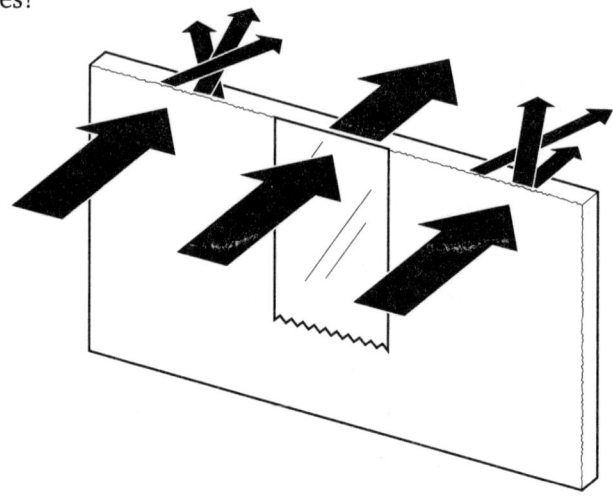

Ergebnis:
Tatsächlich kannst du nun etwas erkennen. Milchglas wird hergestellt, indem man eine glatte Scheibe entweder mithilfe eines Sandstrahl-Gebläses mechanisch aufraut oder mit fluorhaltiger Flusssäure anätzt. (Einen ähnlichen „Milchglas-Effekt" erreicht man, wenn man eine klare, durchsichtige Plastikscheibe mit Aceton – z. B. im Nagellack-Entferner – abreibt. Viele Kunststoffe lösen sich nämlich in Aceton. Deshalb wird die Oberfläche der Scheibe dadurch spröde. Durch das Aufrauen können die Lichtstrahlen nicht mehr – wie bei einer glatten Fläche – gerade gebündelt durch die Scheibe treten, sondern werden zerstreut: Alles, was sich auf der anderen Seite der Scheibe befindet, erkennst du nun nur noch schemenhaft (wenn überhaupt). Die gleiche Beobachtung kannst du übrigens auch bei beschlagenen oder vereisten Scheiben machen.

Durch den Klebefilm wird die raue Oberfläche der Glasplatte wieder glatt, und die Lichtstrahlen können nun gerade durch sie hindurchdringen. Deine Sicht ist nicht mehr getrübt.

Wusstest du übrigens schon, dass ...?

... fabrikneue Gläser vor der ersten Benutzung unbedingt gespült werden sollten? Auf ihrer Oberfläche befinden sich nämlich meist Reste der sehr starken Flusssäure. Du kannst dich selbst davon überzeugen, indem du in ein neues Glas etwas Wasser gibst, es schüttelst und dann einen Streifen pH-Papier hineintauchst (gibt es in Apotheken, in Aquarienfachläden und in speziellen Chemie-

geschäften). Du wirst dich wundern, wie sauer das Wasser ist! Ein guter Trick, um Autoscheiben, Fensterglas und Spiegel rasch zu säubern, besteht darin, sie mit einem feuchten Tuch mit etwas Salmiakgeist abzuwischen. Entscheidend ist dabei der Ammoniak, der im Salmiakgeist enthalten ist: Er verhindert eine Streifenbildung vermutlich deshalb, weil er sich zum einen rasch verflüchtigt und zum anderen die Oberflächenspannung des Wassers verringert – sodass dieses ebenfalls schneller verdunstet. Die meisten Glasreiniger, die man fertig kaufen kann, funktionieren nach diesem Prinzip.

Einblicke ins Wasser

Wenn du auf eine Wasseroberfläche schaust, wirst du alles darunter stets etwas verzerrt erkennen. Das beruht darauf, dass Wasser wie eine Linse funktioniert und die einfallenden Lichtstrahlen in einem bestimmten Winkel ablenkt („beugt"). Diese Beugung kann durch die Zusammensetzung des Wassers verstärkt werden, wie die beiden folgenden Versuche zeigen.

Material:
1 zylindrisches Glas (z. B. ein Senfglas)
1 Kochlöffel
1 Bleistift
1 gehäufter Esslöffel Salz
1 Tasse
1 Suppenkelle
1 Eimer, Wasser

Durchführung:
EXPERIMENT 1: Gib das Salz zusammen mit etwas kaltem Wasser in die Tasse, und rühre so lange um, bis die Lösung klar ist. (Nimm kein warmes Wasser, obwohl das Auflösen länger dauert, denn sonst erreichst du eine ungewollte wärmebedingte Durchmischung, die dein Experiment behindert.) Fülle das Glas zur Hälfte mit dem Salzwasser. Anschließend überschichtest du dieses mit kaltem Leitungswasser, das du vorsichtig mit der Kelle einfüllst. Tauche nun den Bleistift in das Glas, bewege ihn hin und her, und betrachte ihn dabei von der Seite. Was siehst du?
EXPERIMENT 2: Fülle den Eimer mit Wasser. Tauche anschließend den Kochlöffel mit der Löffelseite tief ein. Was fällt dir auf, wenn du von der Seite flach über die Wasseroberfläche schaust?

Ergebnis:
EXPERIMENT 1: Wenn man den Löffel von der Seite betrachtet, könnte man meinen, sein Stiel sei zweimal gebrochen: einmal an der Wasseroberfläche und einmal mitten im Glas.
EXPERIMENT 2: Der eingetauchte Kochlöffel wirkt viel kürzer, als er tatsächlich ist.
Die Lichtstrahlen, die uns den Löffel erkennen lassen, werden in beiden Versuchen gebrochen. Hinzu kommt noch, dass wässrige Lösungen (wie hier das Salzwasser) generell weniger Licht durchlassen als reines Wasser. Der Physiker sagt deshalb, Salzwasser besitze eine höhere optische Dichte als Wasser und Wasser wiederum eine höhere optische Dichte als Luft. Wenn nun ein

Lichtstrahl von der Luft ins Wasser (bzw. von Leitungs- ins Salzwasser) übertritt, kann er nicht gerade wieder austreten, sondern wird in einem bestimmten Winkel gebrochen. Hätten Luft und Wasser die gleiche optische Dichte, würde der Strahl dagegen ungebeugt verlaufen. (Das hat mit einem bestimmten Naturgesetz der Optik zu tun, wonach der Einfallwinkel von Licht genauso groß ist wie sein Ausfallwinkel.) Wenn du deinen Kochlöffel im zweiten Versuch schräg von der Seite ansiehst, ist der Einfallwinkel des Lichts sehr groß, und infolge der höheren optischen Dichte des Wassers siehst du den reflektierten Kochlöffel dann erheblich verkürzt.

Wusstest du übrigens schon, dass ...?

... auch viele Tiere vom Phänomen der unterschiedlichen Dichte verschiedener Stoffe betroffen sind? Das Problem, von einem optisch dünneren in ein optisch dichteres Medium blicken zu müssen, haben alle Tiere, die vom Ufer aus oder aus der Luft heraus Wassertiere jagen – sei

es nun ein Kormoran, der im Sturzflug nach einem Fisch taucht, oder ein Grislibär, der Lachse angelt. Aber obwohl die meisten dieser Tiere keine speziellen „Sehhilfen" haben, scheinen sie fast immer den Brechungswinkel instinktiv zu berücksichtigen – sonst müssten sie wohl verhungern. Umgekehrt gibt es aber auch Fische, die vom Wasser aus Landinsekten jagen; sie haben im Prinzip die gleichen Probleme. Der aus Malaysia stammende Schützenfisch, der seine Beute durch Anspucken erlegt, spuckt beispielsweise mit einer sehr großen Treffgenauigkeit im schrägen Winkel aus dem Wasser. Einige Wasserbewohner, wie beispielsweise der Halbschnabelhecht oder der Taumelkäfer, haben das Problem der Lichtbrechung gelöst, indem sie einfach zweigeteilte Augen besitzen: Mit der oberen Hälfte überwachen sie, was sich auf der Wasseroberfläche tut, mit der unteren sehen sie unter Wasser. Die Tatsache, dass Lösungen je nach optischer Dichte mal mehr und mal weniger Licht durchlassen, wird übrigens in der Forschung genutzt, um die Mengen gelöster Substanzen bestimmen zu können. Dazu werden in einem speziellen Messgerät zwei gleich starke Lichtstrahlen durch zwei gleich große viereckige Glasröhrchen geschickt: Das eine enthält klares Wasser, das andere die Lösung, die untersucht werden soll. Auf der Rückseite der beiden Röhrchen misst ein anderes Gerät, wie viel Licht dort angekommen ist. Da die Lösung ja eine unbekannte Menge an Teilchen enthält, „schluckt" sie einen Teil des Lichtes, während das klare Wasser die gesamte Lichtmenge durchlässt. Aufgrund der Differenz der beiden Lichtausbeuten kann man dann sagen, wie viel Substanz in der unbekannten Lösung war.

 ## Alien-Finger

Einen lustigen Effekt der Brechung von Lichtstrahlen zwischen zwei unterschiedlichen Medien zeigt dir der folgende Versuch, bei dem deine eigenen Finger plötzlich wie die eines Wesens von einem anderen Stern aussehen.

Material:
1 zylindrisches Glas (z.B. ein Senfglas)
Wasser

Durchführung:
Füll das Glas mit Wasser, und nimm es dann in die Hand. Was siehst du, wenn du nun von oben durch die Wasseroberfläche auf die Glasinnenseite blickst?

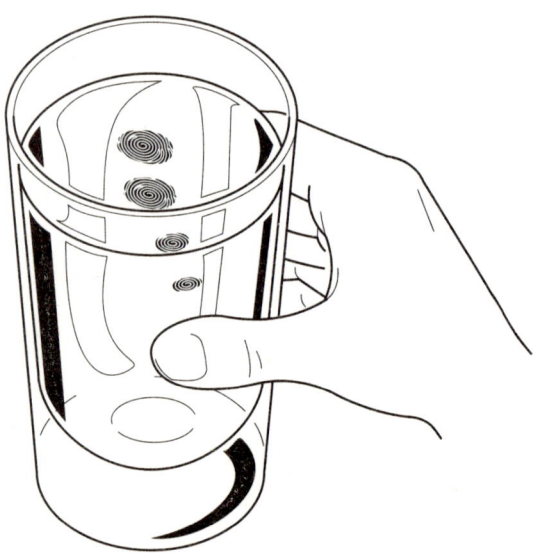

Ergebnis:
Auf der Innenseite des Glases, die wie ein silbriger Spiegel glänzt, kannst du deine eigenen Fingerabdrücke erkennen; sie erscheinen hier ebenfalls silbern. Wie kommt dieser Glanz zustande? Wenn ein Lichtstrahl aus einem optisch dichten Medium wie Wasser oder Glas auf die optisch dünnere Luft trifft, wird er nicht gebeugt, sondern zurückgeworfen (reflektiert). Auf diese Weise entsteht ein Spiegeleffekt. Und schon die geringen Luftmengen in den Rillen deiner Haut reichen aus, um deine Fingerabdrücke optisch zu „versilbern".

Lupe im Eigenbau

Viele Dinge auf dieser Welt sind so winzig, dass wir sie mit bloßem Auge nicht erkennen können. Abstände, die kleiner sind als 0,1 Millimeter, nehmen wir selbst mit Brille nicht mehr wahr – demnach sehen wir zwei Punkte, die um einen Zehntelmillimeter auseinander liegen, als einen einzigen Punkt. Dieses Phänomen nennt man optische Auflösung.
Damit kleine Dinge größer erscheinen, haben die Menschen Geräte wie Linsen, Lupen und Mikroskope erfunden. Ein ganz einfaches Gerät ist das Wassertropfen-Mikroskop (siehe Seite 97), eine weitaus bessere Vergrößerung erzielst du jedoch mit einer Lupe, wie du sie im folgenden Experiment kennen lernst.

Material:

1 alter Plastikeimer (zum Beispiel ein Farbeimer)

1 kräftige Schere

1 runder Taschenspiegel

1 Tischleuchte

1 Zeitschrift

Klarsichtfolie, Isolierband oder festes Klebeband

Wasser

ANMERKUNG: Da der Eimer nach dem Versuch unbrauchbar ist, solltest du wirklich einen ausrangierten nehmen. Seine Wände müssen ziemlich dünn sein, damit du sie leichter durchschneiden kannst. Der Taschenspiegel sollte so klein sein, dass du ihn bequem auf den Boden des Kübels legen kannst.

Durchführung:

Schneide fünf Zentimeter unterhalb des Randes zwei große, runde Löcher in den Eimer. (Deine Hände sollten durchpassen.) Lege den Spiegel auf den Eimerboden. Jetzt zieh die Folie locker über den Eimer, und befestige sie am Rand mit Isolier- oder Klebeband. Sie soll dabei in der Mitte leicht durchhängen. Fülle nun Wasser in diese Vertiefung. Fertig! Nun kannst du deine Lupe in einem hellen Raum auf den Tisch stellen. Falls es zu dunkel ist, kannst du die Lampe danebenstellen und sie so ausrichten, dass ihr Licht schräg auf den Spiegel fällt. Lege nun den Gegenstand, den du näher betrachten möchtest, z. B. ein Blatt, durch eines der Löcher im Eimer. Schau durch das Wasser auf das Blatt, hebe es dabei hoch, und bewege es in Richtung Folie – so lange, bis es dir am größten erscheint.

.Wenn du beispielsweise Farbfotos aus einer Zeitschrift oder Zeitung „unter die Lupe" nimmst, erkennst du, dass sie aus vielen kleinen Rasterpunkten bestehen, nämlich aus schwarzen, roten, blauen und gelben. Sie liegen so nahe beieinander, dass sie von unserem Auge ohne Lupe nicht mehr optisch aufgelöst werden können.

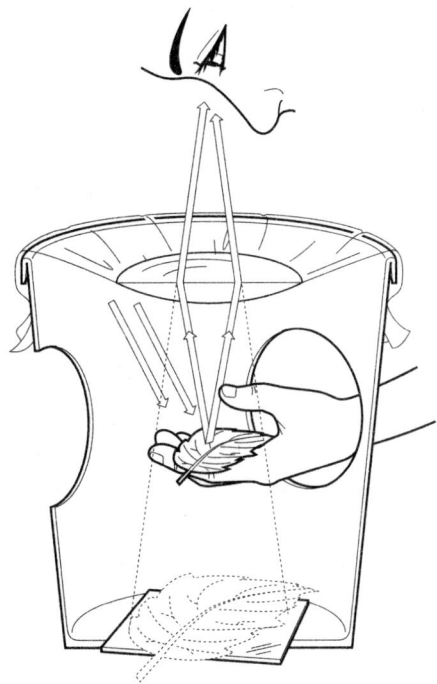

Ergebnis:
Wie du ja bereits aus den vorherigen optischen Versuchen weißt, werden Lichtstrahlen beim Übergang von einem Medium in ein anderes gebrochen. Das geschieht auch bei der von dir gebauten „Lupe", hier dient das in der Folie „hängende" Wasser als Linse. Die ein-

fallenden Sonnenstrahlen werden vom Blatt reflektiert, treffen auf die „Wasser-Linse", werden dort gebrochen und gelangen erst dann in deine Augen (siehe Pfeile in der Abbildung). Diese nehmen die reflektierten Strahlen aber so wahr, als ob sie in direkter Linie von dem Blatt kämen (gestrichelter Pfeil). Dadurch hast du den Eindruck, ein wesentlich größeres Bild aus weiterer Entfernung zu sehen.

Wusstest du übrigens schon, dass ...?

... man Gegenstände bis zu einer halben Million Mal vergrößern kann? Lupen wie deine selbst gebaute erreichen natürlich irgendwann die Grenzen ihrer optischen Auflösung. Um bessere Ergebnisse zu erreichen, wurden Lichtmikroskope hergestellt, die Dinge bis zu 1500fach vergrößern können. Die höchsten Vergrößerungen erzielt man aber mit so genannten Elektronenmikroskopen, die Gegenstände um das 1 000- bis 500 000fache größer erscheinen lassen. Mithilfe dieser Geräte kann man sogar einzelne Bestandteile von Zellen, wie etwa den Zellkern, sichtbar machen.

Das erste Mikroskop baute der Niederländer Antonij van Leeuwenhook im Jahre 1674; es war im Prinzip so ähnlich konstruiert wie das Wassertropfen-Mikroskop (siehe auch den gleichnamigen Versuch auf Seite 97). Das erste Elektronenmikroskop wurde dann 1932 von den deutschen Physikern Max Knoll und Ernst Ruska entworfen; über 50 Jahre später (1986) erhielt Ruska dafür den Physik-Nobelpreis.

Wassertropfen-Mikroskop

Bereits ein kleiner, durchsichtiger Wassertropfen reicht aus, um als Linse eines optischen Systems zu dienen. Die Vergrößerung ist zwar nicht besonders toll, doch genügt sie, damit du ein Gefühl für das Mikroskopieren bekommst. Im folgenden Experiment erfährst du, wie du dir dieses so genannte Wassertropfen-Mikroskop bauen kannst. Dabei wirst du auch herausfinden, wie sich die Sichtweite verändert, wenn eine Linse flacher oder kugeliger wird.

Material:
1 zylindrisches Wasserglas (z. B. ein Senfglas)
1 Gummiband (Ringgummi)
1 kleine Unterlegscheibe (zum Beispiel von einer Fahrradmutter)
1 Metallsteg eines Schnellhefters (oder auch 1 große Büroklammer)
1 Pipette (oder 1 Bleistift)
1 Objektträger
1 sehr feiner Filzstift
Klebestreifen, Wasser, ein Geodreieck, Filterpapier
ANMERKUNG: Die Öffnung des Unterlegscheibchens sollte den gleichen Durchmesser haben wie die Löcher des Metallstegs.

Durchführung:
Knicke den Metallsteg im oberen Drittel um. Nun schneide ein Stück Klebefilm ab, und lege es so hin, dass die Klebeseite nach oben zeigt. (Berühre den Strei-

fen nur am äußersten Rand mit den Fingern, und leg ihn auf eine saubere, staubfreie Unterlage, denn sonst siehst du hinterher nur Fingerabdrücke und Fusseln.)

Drücke das kurze, abgeknickte Ende des Metallstegs auf den Streifen. Wenn du den Bügel jetzt umdrehst, ist das Loch mit dem Klebeband verschlossen. Schneide nun vorsichtig die überstehenden Klebefilmreste ab.

Dreh das Glas um, und zieh das Gummiband darüber. Nun kannst du den Metallsteg zwischen Gummi und Glas klemmen.

Lege jetzt das Unterlegscheibchen über das zugeklebte Loch im Metallbügel. Mit der Pipette oder dem Bleistift, den du in Wasser tauchst, gibst du anschließend vorsichtig einen Tropfen Wasser auf die Öffnung. Jetzt ist dein Wassertropfen-Mikroskop fertig! Lege den Objektträger auf ein Geodreieck, und zeichne darauf mit dem feinen Filzstift zwei dünne Linien direkt nebeneinander, und zwar so, dass beide innerhalb zweier Striche der Millimeterskala des Geodreiecks liegen.

Wenn du nun den Objektträger unter dein „Mikro" legst, kannst du einen deutlich größeren Abstand zwischen den beiden Strichen erkennen. Vermeide aber Erschütterungen, da dein „Linsensystem" sonst zu stark wackelt und alles verschwimmt!

Nun gib noch einen weiteren Tropfen Wasser hinzu, und versuche anschließend einmal, mit etwas Filterpapier vorsichtig winzige Mengen Flüssigkeit abzusaugen. Schiebe den Metallsteg dabei vorsichtig auf und ab. Was passiert?

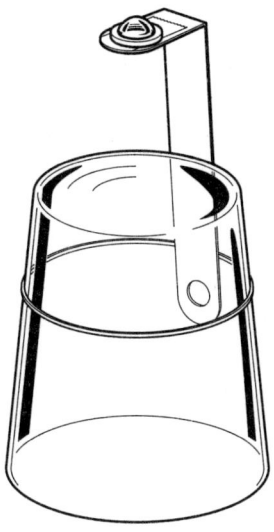

Ergebnis:

Wenn du Wasser hinzufügst, wird der Tropfen höher und kugeliger, auch die Striche werden erst etwas größer, dann verschwimmen sie.

Saugst du hingegen mit dem Filterpapier Flüssigkeit ab, siehst du die Striche wieder viel kleiner. Der Wassertropfen wird dann nämlich flacher, und dementsprechend nimmt die Vergrößerung ab. Mit diesem einfachen Mikroskop kannst du natürlich nur schwache Vergrößerungen erzielen, etwa wie mit einer Lupe. Trotzdem hast du jetzt selbst ein einfaches Gesetz der Optik, der Lehre vom Sehen, erkannt: Die stärkere oder schwächere Krümmung eines Wassertropfens (oder einer Linse) in deinem Mikroskop entscheidet darüber, wie groß du einen Gegenstand siehst. Beim Auf- und Abschieben des Metallstegs sind die Striche auf deinem

Objektträger immer dann größer und deutlicher geworden, wenn du dich der Linse genähert hast. Wenn du jedoch dicht herangekommen bist, sind sie ebenfalls verschwommen. Auf diese Weise kannst du die Vergrößerung deines Systems also ebenfalls verändern, denn der Abstand zwischen Linse und Objekt entscheidet neben der Linsenkrümmung darüber, wie scharf der jeweilige Gegenstand zu erkennen ist. Diesen Abstand nennen Pysiker Brennweite (eines optischen Systems). Das oben beschriebene Phänomen beobachtest du übrigens auch, wenn du deine Hand ganz dicht vor die Augen hältst: Du kannst zuerst nichts erkennen, wenn du die Finger jedoch langsam entfernst, siehst du sie irgendwann scharf.

Wusstest du übrigens schon, dass ...?

... auch Optiker den „Trick der flachen Linse" nutzen – beispielsweise bei der Herstellung von Brillen und Kontaktlinsen? In Europa wurden die ersten Brillen bereits im 12. Jahrhundert angefertigt, allerdings waren sie nicht aus Glas, sondern aus dünnen, durchsichtigen Mineralscheibchen. (Das deutsche Wort „Brille" leitet sich ab von dem Wort „Beryll", das ist ein durchsichtiges Kristallmineral, aus dem die Vorläufer der heutigen Linsen gefertigt wurden.) Meistens dienten diese „Sehhilfen" zum Lesen und wurden einfach – wie Kneifer – auf die Nase geklemmt. Bessere Lesehilfen für weitsichtige Menschen entstanden, als niederländische Handwerker Ende des 16. Jahrhunderts anfingen, dünne Glasscheibchen an den Kanten so zu schleifen, dass daraus richtige Linsen würden.

 ## Unterwassereinsichten

Um am See oder im Meer das Leben unter Wasser beobachten zu können, braucht man eine Taucherbrille, da Wasser und Wellengang die Sicht sonst meist verzerren. Hier kannst du ein einfaches Gerät basteln, mit dessen Hilfe du sowohl vom Boot oder vom Ufer aus als auch im Wasser stehend zusehen kannst, was sich unter der Wasseroberfläche tut.

Material:
1 ausrangierter, kleiner Plastikeimer
1 durchsichtige Plastiktüte
eine große, spitze Schere (Vorsicht, Verletzungsgefahr!), Isolierband

Durchführung:
Schneide in den Boden des Eimers ein Guckloch. Trenne nun die Plastiktüte an den Seiten auf, sodass eine große, glatte Plane entsteht. Jetzt ziehe diese über die obere Öffnung und die Seiten des Kübels, und spanne sie fest. Abschließend umwickelst du den Eimer mit Isolierband, um die Plastikhülle zu fixieren.
Was passiert, wenn du deinen Guckkasten mit der Plane senkrecht ins Wasser tauchst?

Ergebnis:
Die Plane wird konvex nach oben gewölbt. Sie wirkt nun ähnlich wie die Linse einer Lupe, sodass du die Tiere und Pflanzen, die du jetzt im Wasser beobachten kannst, leicht vergrößert siehst.

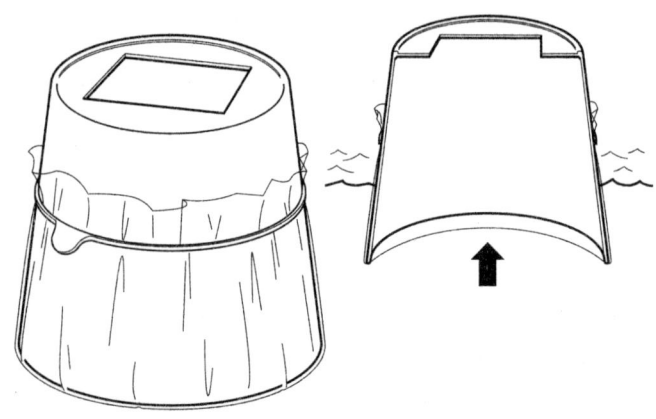

Wusstest du übrigens schon, dass ...?

... viele Fische kugelförmige Linsen besitzen, die wahrscheinlich eine Anpassung an die stärkere Brechung des Lichtes unter Wasser darstellen?

Die Fliege auf dem Käseteller

Hier ein kleines Spielchen: Offenbar wird die Fliege immer wieder von dem Käse angezogen – zwar hast du sie kurz verscheucht, doch dann dreht sie eine Ehrenrunde und kommt sofort wieder zurück.

Durchführung:
Halte die Zeichnung so, dass deine Nasenspitze auf den schwarzen Punkt in der Mitte weist. Drehe die Buchseite langsam linksherum. Die Fliege hebt von der Käse-

platte ab, schwirrt nach oben und landet anschließend wieder neben dem Camembert.

Ergebnis:
Da du aus sehr geringer Entfernung auf das Bild siehst, nimmt dein rechtes Auge nur die Fliege wahr, das linke hingegen bloß die Käseplatte. Doch im Sehzentrum werden die beiden optischen Reize zu einem Bild zusammengesetzt, sodass du glaubst, die Fliege sitze auf dem Teller und ließe es sich schmecken. Drehst du nun das Bild nach links, sehen rechtes und linkes Auge auf die Fliege, deren scheinbare Bewegung sie verfolgen. Dabei schielen beide Augen über die Nase. Nach einer halben Drehung fallen die Bilder von Fliege und Käseplatte erneut zusammen, der lästige Brummer – so scheint es zumindest – hat es wieder einmal zum Käse geschafft.

Goldfisch im Glas

Bei diesem Versuch bastelst du dir den ersten Goldfisch der Welt, der durch die Luft rotiert.

Material:
1 Stück fester, weißer Karton
1 Blatt Pauspapier
2 dünne, lange Ringgummis
ein Filzstift, Buntstifte, eine Schere, ein Klebestift
ANMERKUNG: Zum Spannen der Gummis benötigst du Hilfe.

Durchführung:
Mithilfe des Filzstiftes paust du die beiden abgebildeten Kreise (den Goldfisch und das Goldfischglas) ab und malst sie mit den Buntstiften aus. Achte darauf, dass du beim Durchpausen die beiden Punkte links und rechts sowie das oben abgebildete Sternchen nicht vergisst. Anschließend schneide die Kreise aus, und klebe sie auf den weißen Karton. Dabei müssen sich Punkte und Sternchen beider Seiten überdecken. Steche mit der Scherenspitze durch den Karton, sodass zwei Löcher entstehen. Ziehe jeweils ein Ringgummi durch jedes Loch und dann durch die entstandene Schlaufe wieder zurück (siehe Abbildung).
Nimm beide Ringgummi-Enden in eine Hand, und drehe die Scheibe um sich selbst, damit die Gummischnur unter Spannung gerät. Wenn du sie nun straff ziehst, dreht sie sich wieder auf – und die Scheibe rotiert. Was siehst du?

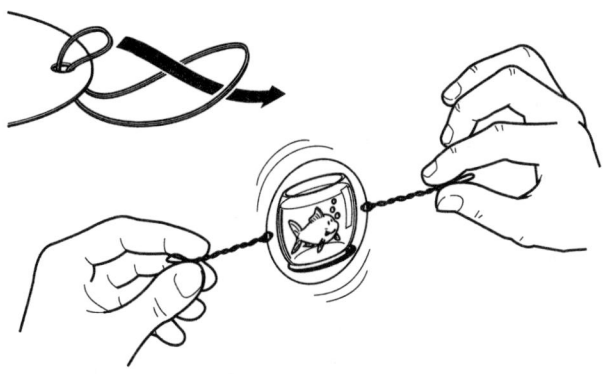

Ergebnis:
Es wird dir so vorkommen, als sitze der Goldfisch in seinem Glas.

Der Grund dafür, dass du die beiden unterschiedlichen Bilder in einem siehst, ist die so genannte Augenträgheit: Obwohl das Bild mit dem Fisch tatsächlich schon verschwunden ist, „flimmert" es für den Bruchteil einer Sekunde noch auf deiner Netzhaut. In diesem Moment erscheint aber schon die Abbildung des Glases, und so verschmelzen beide Bilder: Der Goldfisch scheint für den Betrachter im Glas zu schwimmen.

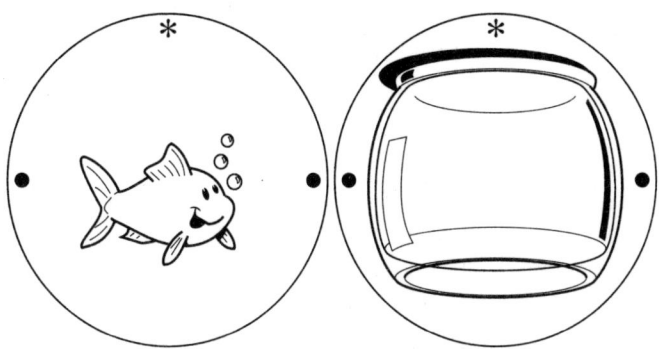

▌ Wusstest du übrigens schon, dass ...?

... wir aus demselben Grund auch Filme im Kino oder im Fernsehen sehen können? Eigentlich besteht eine Filmrolle nämlich aus einer langen, langen Kette von Einzelbildern, die jeweils durch einen schwarzen Rahmen voneinander getrennt sind. Weil die Bilder aber mit hoher Geschwindigkeit (24 pro Sekunde) auf die Leinwand oder den Bildschirm projiziert werden, nehmen deine Augen die Rahmen gar nicht mehr wahr, und der Film scheint aus einer einzigen Bewegung zu bestehen.

Die Maus in der Falle

Kein Wunder, dass die schwarze Maus vor Aufregung Männchen macht! Schließlich sitzt ein weißer Mauskollege in der Drahtfalle auf der linken Seite. Wie, du kannst den gefangenen Nager nicht erkennen? Das wird sich gleich ändern!

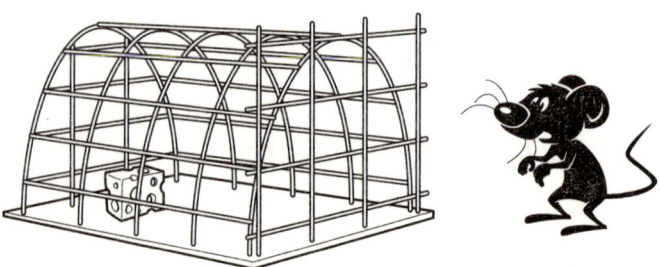

Durchführung:
Halte das Bild der schwarzen Maus in normalem Leseabstand vor deine Augen, und betrachte es eine Minute

lang, ohne wegzuschauen. Nun blicke rasch in die Öffnung der Drahtfalle. Was siehst du?

Ergebnis:
Nach kurzer Zeit wirst du dort das schemenhafte Bild einer weißen Maus erkennen. Bei jedem Sehvorgang werden Teile der Netzhaut unserer Augen belichtet. Das merkst du zum Beispiel, wenn du kurz in eine helle Glühbirne starrst: Den intensiv leuchtenden Glühfaden wirst du danach noch eine Zeit lang als Schatten wahrnehmen. Ein ähnlicher, wenn auch umgekehrter Effekt stellt sich in diesem Fall ein: Wenn du die schwarze Maus betrachtest, werden die darauf gerichteten Teile der Netzhaut nicht belichtet, während die anderen Sehzellen die umliegenden weißen Bereiche des Papiers wahrnehmen. Nach einiger Zeit ermüden diese jedoch, sodass sie kein weiteres Weißlicht mehr aufnehmen können. Schaust du nach einer Minute in die Öffnung der Mausefalle, dann erkennst du ein Negativbild der schwarzen Maus – einen weißen Nager – weil deine Sehzellen sich nicht so schnell an den neuen Reiz anpassen können.

Wusstest du übrigens schon, dass ...?

... die lichtempfindlichen Strukturen auf der Netzhaut von Wirbeltieren aus so genannten Zapfen und Stäbchen bestehen? Die Stäbchen dienen dazu, Hell-Dunkel-Intensitäten wahrzunehmen, während die Zapfen für Farbkontraste zuständig sind. Aus diesem Grund überwiegen in der Netzhaut von Tieren, deren Leben sich hauptsächlich

nachts abspielt (wie zum Beispiel Eulen und Katzen), meist die Stäbchen, da man in der Dunkelheit sowieso keine Farben erkennen kann. Umgekehrt enthält die Netzhaut der Tiere, die in erster Linie tagaktiv sind, eine größere Anzahl Zapfen.

Bohnen vor den Augen

Dass manche Leute Bohnen in den Ohren haben sollen, hast du schon mal gehört, aber vor den Augen? Nein, hier will dich niemand auf den Arm nehmen, versuch nur einmal folgenden Trick ... und du wirst sehen!

Durchführung:
Lege die Spitzen deiner Zeigefinger aufeinander, und halte sie anschließend 20 bis 30 Zentimeter von deiner Nase entfernt in dein Blickfeld. Nun schaue über die Finger hinweg zur gegenüberliegenden Wand – und plötzlich scheint ein bohnenförmiges Gebilde zwischen deinen Fingerspitzen zu schweben. Entfernst du sie weiter von deinem Gesicht, so wird es runder, näherst du sie ihm hingegen an, wird die Bohne länglich wie

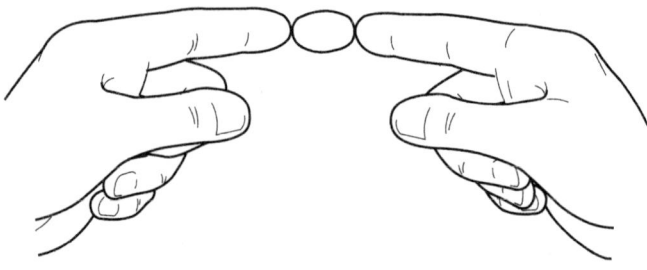

ein Cocktail-Würstchen, bis sie irgendwann ganz verschwommen aussieht. Wie kommt dieser Effekt wohl zustande?

Ergebnis:
Wenn du auf die gegenüberliegende Wand schaust, stellt sich deine Linse automatisch auf die entsprechende Entfernung ein. Dabei werden die Fingerspitzen, die ja viel weiter vorne liegen, so auf die Netzhaut abgebildet, dass sie sich nicht überlappen. Demnach sehen rechtes und linkes Auge die Fingerspitzen beider Finger doppelt. Diese doppelte Bildinformation erscheint dann als „schwebende Bohne" in der Mitte deines Sichtfeldes.

Fata Morgana

Die Fata Morgana ist eine bekannte Erscheinung; mit ihren vorgegaukelten Luftbildern von Oasen soll sie angeblich schon zahlreiche Wüstenreisende genarrt haben. Doch auch in unseren im Vergleich zur Sahara sicherlich kühleren Breiten können an heißen Tagen im Hochsommer ähnliche optische Phänomene auftauchen.

Wenn du bei großer Hitze auf der Autobahn durch die Windschutzscheibe nach vorne siehst, glaubst du mitunter, die Fahrbahn sei am Horizont überschwemmt – denn dort erkennst du ein Flimmern, das an eine große Pfütze erinnert. In Wirklichkeit handelt es sich nur um ein Wärmephänomen an windfreien Tagen. Die dunkle

Asphaltdecke hat eine Menge Sonnenlicht „geschluckt" (absorbiert) und sich dabei stark erhitzt. Daher wabert über dem Straßenbelag eine dünne Schicht heißer Luft, über der sich kühlere Luftschichten befinden. Interessanterweise wirken diese beiden Luftlagen wie ein zweilinsiges optisches System (siehe auch den Versuch „Einblicke ins Wasser" Seite 88). In der Heißluft haben sich die Teilchen nämlich aufgrund der Hitze ausgedehnt und sind weiter auseinander gedriftet, daher ist ihre optische Dichte geringer als die der aufliegenden Kaltluft. Deshalb kommt es zu einer Totalreflexion (siehe auch „Alien-Finger", Seite 92) – und die Fahrbahn wirkt wie ein Spiegel, der das Himmelslicht als scheinbare Pfütze reflektiert.

Der Name *Fata Morgana* wurde übrigens von italienischen Seefahrern geprägt und spielt auf die sagenhafte Fee Morgan aus der Artus-Sage an, die Luftschlösser herbeizaubern konnte. Die Seeleute bezeichneten damit wohl jene Luftspiegelungsphänomene, die gehäuft in der Meerenge von Messina (vor Sizilien) auftreten. Dabei scheinen ganze Schiffe auf den Wolken zu segeln.

Warum der Eisbär frieren müsste …

Nehmen wir mal folgende Situation an: Du willst dich an einem heißen Sommertag in das Auto deines Vaters setzen, das ein, zwei Stunden in der prallen Sonne auf einem Parkplatz gestanden hat. Im Inneren des Wagens herrscht eine unerträgliche Hitze, aber wenn das Auto auch noch schwarze Sitze hat, ist alles aus: Diese sind dann nämlich so heiß, dass man Spiegeleier darauf braten könnte. Erstaunlicherweise lassen sich Lenkrad und Fahrersitz jedoch problemlos anfassen, wenn sie mit weißen Bezügen bespannt sind. Ob da wohl ein Zusammenhang zwischen Farbe und Temperatur besteht? Das willst du natürlich genauer wissen, und dabei hilft dir der folgende Versuch.

Material:
1 weißer Plastikbecher (z. B. ein Jogurt-Becher)
1 schwarzer Plastikbecher (z. B. ein Mousse-au-Chocolat-Becher)
1 Thermometer (am besten ein Badethermometer)
ein Messbecher, Wasser
ANMERKUNG: Beide Plastikbecher sollten etwa dieselbe Größe haben; wenn du keinen schwarzen Becher bekommst, nimmst du einfach zwei gleich große weiße Jogurt-Becher und malst den einen mit schwarzer Wandfarbe an.

Durchführung:
Fülle mithilfe des Messbechers jeweils 50 Milliliter Wasser in den schwarzen und in den weißen Becher. Stelle nun beide für eine Stunde in die Sonne, und miss anschließend die Wassertemperaturen mit dem Thermometer. Was stellst du fest?

Ergebnis:
Das Wasser im schwarzen Becher ist deutlich wärmer als das im weißen. Wie du schon von den schwarzen

Autositzen her weißt, nehmen dunkle Farben mehr Wärme auf als helle – mit anderen Worten: Weiß wirft Sonnenstrahlen nahezu vollständig zurück (man sagt, es reflektiert das Licht), während Schwarz das warme Sonnenlicht sozusagen „aufsaugt" oder absorbiert.

Wusstest du übrigens schon, dass ...?

... sich selbst die Mode an diesen unterschiedlichen Wärmespeicherungsvermögen schwarzer und weißer Materialien orientiert? Viele Menschen bevorzugen nämlich Wintersachen, die aus dunklen Materialien geschneidert sind, während Sommerkleidung in der Regel aus hellen, leichten Baumwoll- oder Leinenstoffen besteht. Ein Eisbär müsste aus dem oben genannten Grunde eigentlich frieren; ihm – und auch vielen anderen Tieren, die in einer winterlichen Umgebung leben – dient die weiße Pracht seines Fells in erster Linie als Tarnung. Trotzdem wird ihm aber nicht kalt – man vermutet nämlich, dass die Haare seines Fells hohl sind – und durch die in ihrem Innern gespeicherte Luft daher wie eine Isolierschicht funktionieren.

Noch mehr Tricks aus der Physik

Luftdruck aus der Flasche

Auch ohne großen technischen Aufwand kannst du dir leicht ein Luftdruckmessgerät oder Barometer selber bauen, wie der folgende Versuch zeigt.

Material:
1 Flasche mit etwas breiterer Öffnung (z. B. eine Milchflasche)
1 alter Luftballon
1 Streichholz
1 Trinkhalm
eine Schere, Isolierband, Klebstoff, Stifte, Pappe

Durchführung:
Schneide aus dem Luftballon ein rundes Stück aus, und ziehe es straff über die Öffnung der Flasche. Umklebe die Ballonhaut mit Isolierband, damit sie nicht verrutscht – fertig ist die druckempfindliche Membran deines Barometers! Jetzt drücke den Trinkhalm ganz platt, und klebe ihn mit der flachen Seite auf die Mitte der Membran. Keile anschließend ein Streichholz zwischen Membran und Halm, um diesen zu spannen. Dein Barometer ist jetzt einsatzbereit.
Stelle es an einen Ort ohne Temperaturschwankungen und direkten Sonneneinfall. Das freie Ende des Halms dient als Zeiger. Was geschieht damit bei Sonnenschein? Und wie reagiert der Trinkhalm auf Regenwetter?

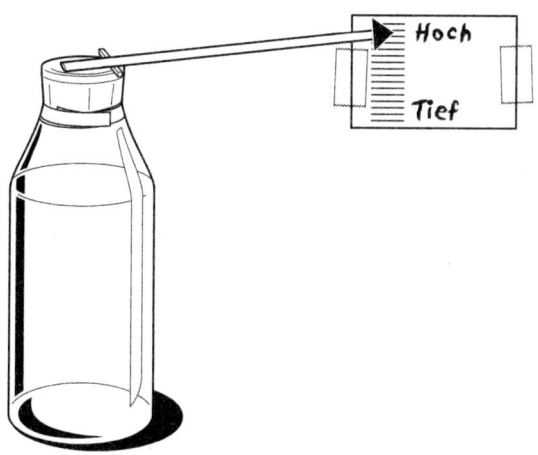

Ergebnis:
Bei schönem Wetter steigt der Luftdruck; dieser drückt auf die Membran, die den Halm hebt. Bei Anmarsch eines Tiefdruckgebietes nimmt der Druck auf die Membran ab – und der Zeiger senkt sich. Mit der Pappe kannst du dir im Lauf der Zeit eine Eichskala zeichnen.

Wusstest du übrigens schon, dass ...?

... die alte Bauernweisheit, nach der hoch fliegende Schwalben Vorboten von schönem Wetter sind, durchaus ihre Berechtigung hat? Allerdings sind es nicht die Schwalben, die das Hochdruckgebiet erahnen, sondern vielmehr die Insekten, hinter denen die Vögel herjagen. Bei zunehmendem Luftdruck können Fliegen, Mücken und andere Fluginsekten nämlich leichter in höhere Zonen aufsteigen. Die Luftdruckschwankungen registrieren sie mithilfe der Tracheen, ihrer Atemröhren.

 Windspielchen

Wie kommt es, dass Bussarde, Drachen und Segelflug-
zeuge so ruhig durch die Lüfte kreisen? Das Geheimnis
ihrer Flugkünste liegt in der Thermik kalter und warmer Luftmassen begründet – durch das Aufsteigen von
Warmluft und das Absinken von Kaltluft entstehen
nämlich Windbewegungen, die letztlich sogar unser
Wetter beeinflussen. Aber auch in geschlossenen Räumen kannst du diese Thermik spüren – und mithilfe des
im folgenden Experiment gebastelten Winddetektors
außerdem sichtbar machen.

Material:
1 Bogen dünner Karton (oder festeres Zeichenpapier)
1 Stecknadel
1 kleiner Scheibenmagnet (am besten ein Kühl-
schrankmagnet)
1 dicker Bleistift
Zirkel, Schere, Klebeband

Durchführung:
Für die Drehscheibe zeichnest du zunächst mit dem Zirkel einen Kreis auf deinen Karton (der Durchmesser
sollte 7–8 Zentimeter betragen) und schneidest ihn
dann aus. Mache anschließend Einschnitte in ungefähr
gleichem Abstand zueinander. Sie sollten etwa 2–3
Zentimeter lang sein. Biege die so entstandenen Flügel
deines Windrades leicht propellerförmig auf (siehe
Zeichnung). Jetzt befestige den Magneten mit Klebeband so am Bleistift, dass seine Mitte frei ist. Stecke

dann die Nadel durch die Mitte der Pappscheibe, und halte den Magneten über ihre Spitze, sodass dein Windrad schweben kann – fertig! Was passiert, wenn du deine Konstruktion jetzt über die Heizung in eurer Wohnung hältst?

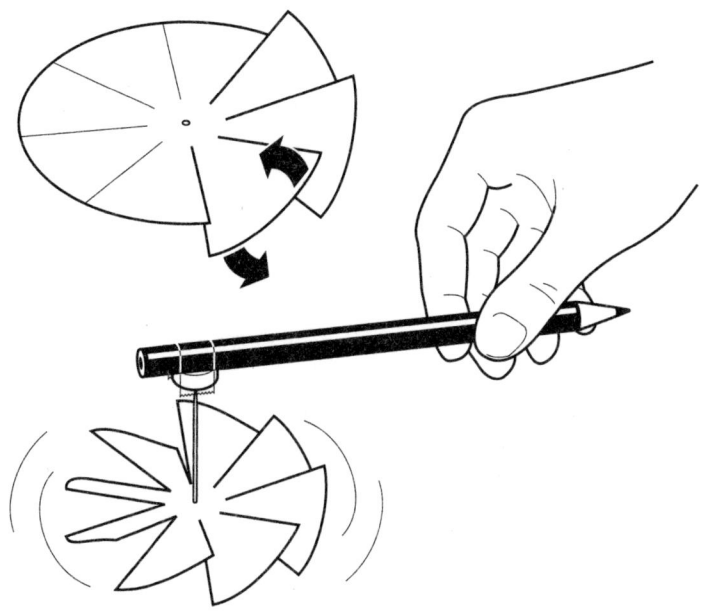

Ergebnis:
Durch die aufsteigende Warmluft beginnt sich das Windrad zu drehen – und zwar umso schneller, je mehr Luft aufsteigt. Dank seiner sehr empfindlichen Aufhängung kann es nämlich selbst sehr kleine Luftströmungen aufspüren!

Wusstest du übrigens schon, dass …?

… Thermik in der Vorweihnachtszeit auch das Auge erfreuen kann? Bei den holzgeschnitzten Drehkrippen aus dem Erzgebirge ziehen Hirten, Engel und die Drei Weisen aus dem Morgenland ihre endlosen Kreise um die meist in der Mitte befindliche Heilige Familie – angetrieben durch aufsteigende, von brennenden Kerzen erwärmte Luft, welche die Flügel des Windrades in Schwung hält.

Von solchen Luftströmen lassen sich auch Flugtiere tragen. Einige von ihnen haben sich im Laufe ihrer Entwicklung so sehr auf die Thermik eingestellt, dass sie – wenn sie einmal auf dem Boden landen sollten – kaum oder überhaupt nicht mehr von selbst aufsteigen können. Zu diesen „Segelspezialisten" zählen nicht nur Albatrosse, sondern auch die bei uns im Sommer lebenden Mauersegler, die sogar im Flug schlafen. Bereits zu Urzeiten gab es schon derartige „Gleitflieger" – wie beispielsweise den Quetzalcoathus, eine Flugechse der Kreidezeit (vor 70 Millionen Jahren). Sie war höchstwahrscheinlich mit einer Spannweite von über zwölf Metern das größte Flugtier, das je gelebt hat.

Windrose im Eigenbau

Der Kompass ist von alters her eine der wichtigsten Orientierungshilfen der Seefahrt. Er funktioniert mithilfe einer Magnetnadel. Im folgenden Versuch erfährst du, wie du dir einen einfachen Kompass selbst bauen kannst.

Material:
1 Stück Styropor
1 Stahlnagel, etwa 6 cm lang
1 Hufeisenmagnet
1 Schüssel mit Wasser
Papier, Buntstifte, Klebstoff, Schere, Zirkel

Durchführung:
Auf die Styroporplatte zeichnest du mit dem Zirkel
einen Kreis von 6 Zentimetern Durchmesser und
schneidest ihn anschließend aus. Magnetisiere den
Nagel mit dem Magneten: Dazu fahre mit dem einen
Pol über die vordere, mit dem anderen über die hintere
Nagelhälfte. Stoße nun den Nagel seitlich durch die
Scheibe. Was passiert, wenn du deinen „Kompass" jetzt
in die Schüssel mit Wasser setzt?

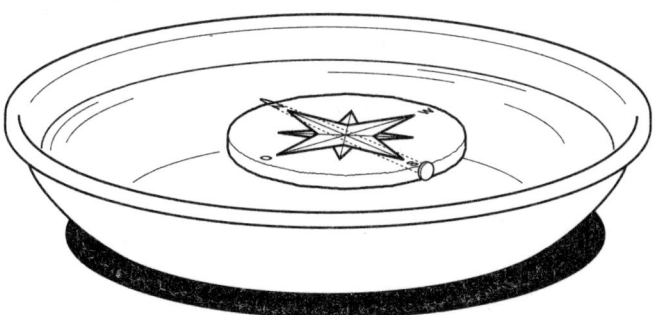

Ergebnis:
Der Nagel wird sich in Nord-Süd-Richtung ausrichten.
Nun kannst du die abgebildete Windrose abpausen,
bunt anmalen und auf die Styropor-Scheibe kleben.
Hinter allen Magneten steckt das Prinzip, dass sich

magnetisierbare Metallteile parallel zu den magnetischen Feldlinien anordnen, die zwischen Nordpol und
Südpol verlaufen. Genau das tut auch dein Nagel in
diesem Experiment.

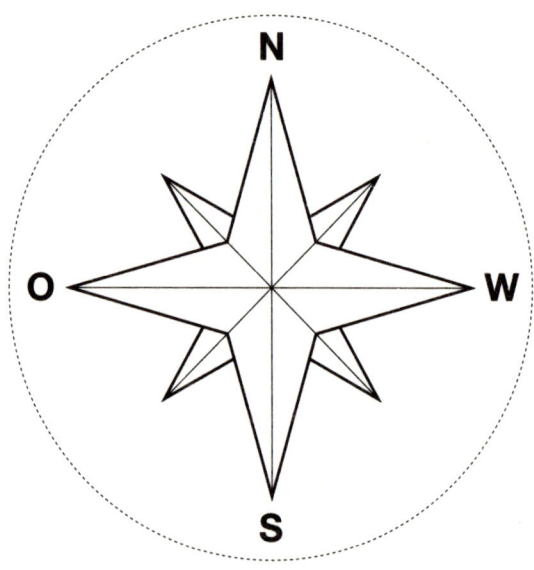

Wusstest du übrigens schon, dass ...?

... viele Zugvögel in ihrem Gehirn Sinnesorgane haben,
die ebenfalls den Verlauf der magnetischen Feldlinien
wahrnehmen? Auf diese Weise können sie sich auf ihren
langen Wanderungen orientieren.

Spulen im Magnetfeld

Vor gut 140 Jahren entdeckte der deutsche Ingenieur Werner von Siemens ein interessantes Phänomen: Jedes Mal, wenn er einen elektrischen Leiter innerhalb eines Magnetfelds bewegte, floss Strom hindurch. Wann immer sich also eine Spule (das ist ein meist röhrenförmiger Körper, um den sehr eng ein dünner, isolierter elektrischer Leiter gewickelt ist) in einem Magnetfeld dreht, entsteht in ihrem Metalldraht ein elektrischer Strom. Umgekehrt gilt aber auch, dass die Spule anfängt, sich zu drehen, wenn Strom durch sie hindurchgeleitet wird. Diese Erkenntnisse kannst du in den folgenden drei Experimenten nachvollziehen.

Material:
1 Taschenkompass
2 Stücke isolierter Klingeldraht
1 Hufeisenmagnet
1 Flachbatterie mit 4,5 Volt

Durchführung:
EXPERIMENT 1: Umwickle den Taschenkompass mit etwa zehn Windungen Klingeldraht, und drehe ihn dann so, dass die Kompassnadel von den Windungen völlig verdeckt ist. Nun musst du die freien Enden des Drahts mit der 4,5-Volt-Flachbatterie verbinden.

EXPERIMENT 2: Wickle das zweite Drahtstück um deinen Zeige- und Mittelfinger, und zwar ebenfalls etwa 10- bis 20-mal. Nimm dann die Drahtspirale von deiner Hand ab. Nun verbinde die freien Drahtenden der „Kompass-

Spule" mit denen der freien Spule. Diese hältst du jetzt in den Hufeisenmagneten, ohne dass sie ihn dabei berührt, und drehst sie dabei hin und her.

EXPERIMENT 3: Verbinde die Enden der freien Spule mit der Flachbatterie (4,5 Volt). Halte anschließend die Spule zwischen die Pole des Hufeisenmagneten, ohne dass sie ihn berührt.

Was passiert in den drei Experimenten?

Ergebnis:

EXPERIMENT 1: Sobald die freien Enden der „Kompass-Spule" mit der Batterie verbunden sind, fließt ein Strom, wie du an einem Ausschlag der Kompassnadel erkennen kannst. Du hast dir selbst einen einfachen „Strommelder" gebastelt.

EXPERIMENT 2: Beim Drehen der Spule kannst du deutlich sehen, dass die Magnetnadel ausschlägt. Dies beweist dir, dass in der Spule immer dann ein Strom fließt, wenn sie sich in einem Magnetfeld bewegt.

EXPERIMENT 3: Nachdem du die freien Enden der Spule mit der Batterie verbunden hast, fängt diese sofort an, sich im Magnetfeld zu drehen.

Wusstest du übrigens schon, dass ...?

... auch Trafos (ein Kürzel der Physiker und Elektriker für „Transformator") aus zu Spulen aufgewickelten Drähten hergestellt werden? Sie dienen dazu, hohe Spannungen (wie man sie im normalen Haushaltsstromnetz vorfindet) zu senken. Im Trafo werden zwei Spulen, die nicht elektrisch miteinander verbunden sind, verkuppelt – und zwar

über das Magnetfeld, welches bei Stromfluss entsteht. Die Spannung auf der Eingangsseite verhält sich dann zur Spannung auf der Ausgangsseite wie die Anzahl der Windungen der beiden Spulen zueinander. Hat die Eingangsspule für 240 Volt beispielsweise 1 000 Windungen und die Ausgangsspule besitzt nur 100, so beträgt die Spannung nach dem Durchlauf nur noch 24 Volt. Das deutsche Haushaltsstromnetz besitzt eine Spannung von 240 Volt. Wenn ein Mensch mit dieser in Berührung kommt, indem er beispielsweise eine Steckdose oder ein schlecht isoliertes Kabel anfasst, kann das für ihn tödliche Folgen haben. Zwar ist der elektrische Widerstand der Haut recht hoch, aber aufgrund der ebenfalls hohen Spannung des menschlichen Körpers kann dennoch ein starker Strom hindurchfließen – und der führt unter Umständen zu gefährlichen Verbrennungen oder lässt gar das Herz stillstehen. Dieser Zusammenhang beruht auf folgender einfachen elektrischen Gesetzmäßigkeit:

Spannung (U) = Widerstand (R) • Strom (I)

Den meisten Schülern ist diese Regel auch als das *Ohm'-sche Gesetz* bekannt.

Wenn nun bei manchen Haushaltsgeräten (z.B. Halogen-Lampen, die ja oft auf blanke Stahlseile gespannt sind, oder etwa bei deiner Modelleisenbahn) die Gefahr besteht, dass Menschen unter Umständen spannungsführende Teile berühren können, dann setzt man mithilfe eines Trafos die Spannung auf ungefährliche 10 bis 24 Volt herab. So kann selbst bei direkter Berührung mit den Händen nur ein schwacher Strom fließen, der für Menschen ungefährlich ist.

Elektromagnet im Eigenbau

Elektrische Energie – auch der elektrische Strom, den wir täglich brauchen – wird auf verschiedene Weise erzeugt: Meistens wird er in Kraftwerken produziert, die durch Wasserkraft, Atomenergie oder Kohlefeuerung angetrieben werden. Im kleinen Maßstab lässt sich Strom aber auch mithilfe von Dieselaggregaten oder Windrädern erzeugen. Das Problem mit dem elektrischen Strom ist, dass man ihn nicht in Säcke oder Dosen packen kann, sondern direkt vom Entstehungs- zum Verbrauchsort transportiern muss. Dies geschieht über so genannte elektrische *Leiter* wie Drähte oder Kabel.

Elektrischer Strom wird von uns allen täglich verwendet – zum Heizen und Kochen, zur Erzeugung von Licht in Leuchtstoffröhren und Glühbirnen oder zum Betreiben von Maschinen. Dabei wird elektrische Energie in andere Energiefomen umgewandelt, z. B. in Bewegungsenergie (Waschmaschine, Mixer usw.).

Bei der Leitung von elektrischem Strom werden Elektronen transportiert. Darunter versteht man winzigste negativ geladene Teilchen, die sich frei in einem Metall bewegen können. Eine Grundvoraussetzung für den elektrischen Stromfluss ist allerdings, dass Strom, der an einem Ende in einen Leiter hineingeschickt wird, auch am anderen Ende wieder austreten kann – der Stromkreis muss geschlossen sein.

Jeder stromdurchflossene Leiter erzeugt in seiner Umgebung ein Magnetfeld und übt damit eine Kraftwirkung aus. Besonders intensiv ist dieser Effekt bei Spu-

len mit einem Eisenkern. Sie ergeben einen sehr starken Elektromagneten, wie wir im folgenden Versuch
sehen werden.

Material:
1 Flachbatterie (4,5 Volt)
2 Eisennägel (von 6–7 cm Länge)
2 m dünner, isolierter Kupferdraht
ein Küchenmesser oder eine Zange

Durchführung:
Wickel den Kupferdraht mindestens 50-mal ganz eng
um einen der Nägel, die Enden sollten danach noch
etwa 20 Zentimeter lang sein. (Es schadet nicht, am
Anfang und am Ende dieser selbst gebastelten Spule
einen Knoten zu machen.)
Lege an beiden Drahtenden mithilfe eines scharfen
Messers oder einer Zange etwa zwei Zentimeter der
Isolierung frei. Danach verbinde sie mit den beiden
Polen der Batterie, sodass der Strom fließen kann.
Berühre mit dem zweiten Nagel nun deine selbst ge-
baute Spule, und lass ihn dann los. Was passiert? Und
was geschieht, wenn du eines der beiden Drahtenden
anschließend von der Batterie abnimmst?

Ergebnis:
Durch den Stromfluss wird in der selbst gebastelten
Spule ein Magnetfeld erzeugt, das den zweiten Nagel
wie mit einer unsichtbaren Hand festhält. Wenn nun
ein Drahtende von der Batterie getrennt und der
Stromfluss dadurch unterbrochen wird, löst sich dieses

Feld auf, und der Nagel fällt herunter. Sobald das Drahtende aber wieder an die Batterie angeschlossen wird, entsteht ein neues Magnetfeld, das den Nagel wieder in der Schwebe halten kann. Du hast also einen einfachen Elektromagneten hergestellt.

Die Streithammel

Im folgenden Versuch nutzt du die anziehenden und abstoßenden Eigenschaften eines Magneten, um deinen kleinen Geschwistern ein Spielzeug zu bauen.

Material:
1 Stück dünnes Styropor
2 Stecknadeln
1 Hufeisenmagnet
1 Suppenteller mit Wasser
Papier, Buntstifte, Klebstoff, Schere

Durchführung:
Schneide aus der Styroporplatte zwei kleine Scheiben von je vier Zentimetern Durchmesser aus. Dann magnetisiere deine Nadeln, indem du mit dem einen Magnetpol über ihre vordere, mit dem anderen über ihre hintere Hälfte streichst. Bohre durch jede der Scheiben eine Stecknadel (siehe Zeichnung), stoße den Nadelkopf aber nicht ganz durch, da du ihn noch als Orientierungshilfe benötigst. Was passiert nun, wenn du die beiden Scheiben auf das Wasser setzt?

Ergebnis:
Du kannst jetzt genau erkennen, welche Pole sich anziehen und welche sich abstoßen (siehe auch den Versuch „Windrose im Eigenbau", Seite 118). Pause nun die hier abgebildeten Böckchen ab, und klebe sie senkrecht auf die Scheiben. Am besten befestigst du die beiden gesenkten Köpfe auf Polen, die sich anziehen.

Wenn du deine Streithammel dann auf dem Teller treiben lässt, werden sie erst in Bögen umherschwimmen (dabei folgen sie den magnetischen Feldlinien), um später Kopf an Kopf zu verharren (wenn sich die einander anziehenden Pole „gefunden" haben).

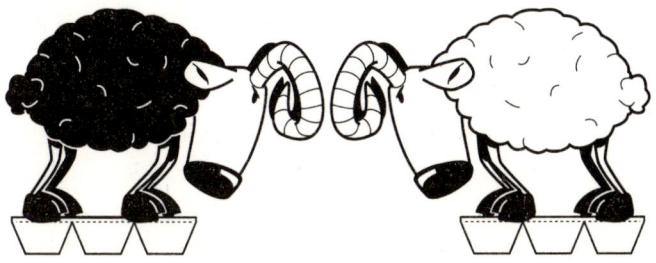

 ## Raddampfer im Eigenbau

Bei diesem Experiment nutzen wir die Tatsache aus, dass sich potenzielle Energie (Lageenergie) in kinetische Energie (Bewegungsenergie) verwandeln kann und umgekehrt. Um deinen Raddampfer anzutreiben, musst du nämlich Gummibänder dehnen beziehungsweise spannen.

Material:
13 Weinkorken
2 leere Margarine- oder Jogurtdosen aus Plastik
2–3 Gummiringe
4 Schaschlikspieße aus Holz
1 Lochraspel zum Durchbohren der Korken
2 Nägel
Stecknadeln, Alleskleber, ein Messer, eine Schere

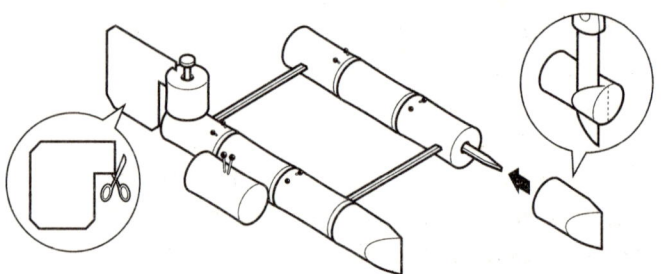

Durchführung:
Bohre für den Schwimmkörper mithilfe der Lochraspel sechs Korken der Länge nach durch, steck sie auf zwei der Holzspießchen, und befestige sie mit schräg einge-

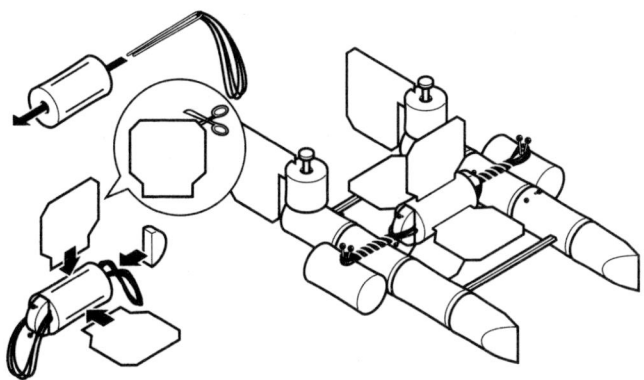

stochenen Stecknadeln aneinander. Die beiden anderen Spießchen sorgen vorne und hinten für die Quer-
verankerung. Für die Bugstücke musst du 2 Korken mit
einem Messer schräg anschneiden (siehe Zeichnung).
Dann bohrst du sie in der Mitte mit der Lochraspel an
(aber nicht durch, wie bei den anderen Korken!) und
steckst sie ebenfalls auf die Spießchen. Anschließend
halbiere noch einen Korken für die Steuerruder.
Schneide diese nun, wie auf der Zeichnung angegeben,
aus einer leeren Margarinedose aus. Jetzt ritzt du deine
halbierten Korken längs an und steckst jeweils Ruder in
jeden Spalt der beiden Nägel. Mithilfe der beiden Nägel
befestigst du nun die Steuerruder am hinteren Ende
des Schwimmkörpers. Als Ausleger klebst du schließlich zwei Korken mit Alleskleber ungefähr in der Mitte
zwischen den beiden quer eingesteckten Holzstäben
außen an den Schwimmkörper. (Schau dazu am besten
noch mal in die Zeichnung!)
Die Nabe des Schaufelrades entsteht aus einem Korken,
den du zunächst in der Mitte durchbohrst. Ziehe an-

schließend mithilfe des Drahts zwei bis drei Gummiringe durch die Öffnung, wobei deren Enden auf beiden Seiten gleich lang sein müssen. Je länger die Ringe sind, desto weiter fährt dein Dampfer. Schneide nun eine schmale Scheibe von einem Korken ab, und halbiere sie in der Mitte. Mit dieser Scheibe und einigen Stecknadeln werden die Gummiringe in der Nabe verankert (siehe Zeichnung). Aus einer der Margarinedosen schneidest du jetzt entsprechend der Zeichnung vier Schaufeln aus. Bringe nun in deiner „Korkennabe" einander gegenüberliegende Kerben an, in die du die vier Schaufeln steckst. Sie müssen gleich groß sein und mit der Nabe zusammen zwischen die beiden quer eingesteckten Holzstäbe passen.

Mit jeweils zwei Stecknadeln befestigst du nun die Gummienden des Schaufelrads auf beiden Seiten an den Auslegern (siehe Zeichnung).

Bevor du den Dampfer vom Stapel laufen lässt, drehst du das Schaufelrad „im Trockendock", sodass die Gummiringe gespannt werden. Jetzt setze dein Schiff vorsichtig in die gefüllte Badewanne, und lass das Rad erst im Wasser los. Was passiert?

Ergebnis:
Sobald du deine Hand wegziehst, saust der Dampfer durch die Badewanne. Durch das Drehen im Trockenen erhalten die Gummiringe nämlich Spannungsenergie, die beim Loslassen in Bewegungsenergie umgewandelt wird.

Wusstest du übrigens schon, dass ...

... Bungee-Jumping nach einem ähnlichen Prinzip funktioniert? Springer und Gummiseil bilden ein System, in dem verschiedene Energieformen ineinander übergehen: Wenn der Springer mit seinem Gummiseil am Absprungsort steht, befindet er sich am höchsten Punkt: Seine Lageenergie ist jetzt am größten; das Seil aber hängt schlaff herum, weshalb Bewegungs- und Spannungsenergie gleich null sind. Beim Sprung verwandelt sich die Lageenergie schlagartig in Bewegungs- und Spannungsenergie. Der Bungee-Jumper saust abwärts, und das Seil strafft sich. Nun gilt aber nach einem weiteren Gesetz, dem Energieerhaltungssatz, dass die Summe aus Lage-, Spannungs- und Bewegungsenergie stets den gleichen Wert ergeben muss. Wenn also der Jumper beinahe den Boden berührt, hat er seine geringste Lageenergie, während das Seil dann am straffsten gespannt ist und also die größte Spannungsenergie aufweist. An dieser Stelle dreht sich die Bewegungsrichtung des Springers um, er wird am elastischen Seil nach oben gezogen, und seine Lageenergie nimmt wieder zu. Nun geht das Spielchen von vorne los, bis der Jumper irgendwann wie ein Fisch an der Angel zappelt. Dass er nicht mehr bis an seinen Ausgangspunkt zurückschwingt und bei jedem Rückschwung weniger tief fällt, liegt unter anderem an seiner „Reibung" mit der Luft: Dadurch verliert er nämlich Energie an seine Umgebung.

Sonne, Wasser, Wind – wer treibt das Rad an?

Viele Leute reden von alternativen Methoden zur Energieerzeugung – zum Beispiel durch Wind, Wasser oder Sonnenkraft. In diesem Versuch kombinierst du scheinbar alle drei miteinander, indem du ein Windrad per Dampf antreibst, der aus Wasser entweicht, das von der Sonne erwärmt wurde.

Material:
1 Windrädchen mit Stiel
1 kippbarer Kosmetik- oder Rasierspiegel
1 Zigarrenhülse aus Metall mit Schraubverschluss
1 Besenstiel
1 dicker, schwarzer, wasserfester Filzstift
1 Nagel
Blumendraht, Wasser

Durchführung:
Ramme den Besenstiel im Freien in den Boden. Male nun die untere Hälfte der Zigarrenhülse mit dem dicken Filzstift schwarz an. In den Schraubverschluss stanzt du mit dem Nagel ein etwa zwei Millimeter großes Loch. Fülle die Hülse mit Wasser, und befestige sie mithilfe des Blumendrahts am Besenstiel. Im nächsten Schritt machst du das Windrädchen – ebenfalls mit Draht – am Besenstiel fest; es sollte genau über dem Bohrloch in deiner Zigarrenhülse hängen. Zuvor musst du allerdings noch ausprobieren, welche Höhe dafür geeignet ist.
Anschließend stellst du den Spiegel auf dem Boden auf.

Richte Spiegel und Hülse so aus, dass die Sonnenstrahlen, die vom Spiegel reflektiert werden, genau auf die untere, schwarze Hälfte der Metallröhre auftreffen. Was passiert?

Ergebnis:
Dein Windrad wird nach einiger Zeit beginnen, sich zu drehen. Der Knackpunkt dabei ist, dass die einfallenden Sonnenstrahlen durch den Spiegel gebündelt werden und sich im Brennpunkt vereinigen. Dadurch wird ihre wämende Kraft so groß, dass sie das Wasser in der Hülse zum Kochen bringen. Da diese zudem schwarz ist, erhöht sich die nach innen abgegebene Wärmemenge noch (siehe auch „Warum der Eisbär frieren müsste ...", Seite 110). Der Wasserdampf, der unter Druck aus dem ausgestanzten Loch austritt, setzt dann das Windrädchen in Bewegung.
Aber Achtung: Lass dein Windrad niemals unbeaufsichtigt in der Sonne stehen! Der Spiegel kann nämlich als Brennglas wirken und mit den reflektierten, gebündelten Sonnenstrahlen Gegenstände in Brand setzen!

Der verrückte Puffreis

Kennst du das Gefühl, wenn du im Kaufhaus ins nächste Stockwerk gehen willst und dabei das Geländer der Rolltreppe anfasst? Oft knistert es dann, und eventuell bekommst du sogar einen leichten Schlag. Durch die Reibung deiner Schuhsohlen auf dem Teppichboden hat sich dein Körper elektrisch aufgeladen, und bei der

Berührung mit einem Gegenstand, der mit der Erde in Kontakt ist, also beispielsweise einem Türgriff oder einem Geländer, entsteht ein Kurzschluss – die so genannte „statische Elektrizität" in dir entlädt sich dann schlagartig. Wenn ein Gegenstand durch Reibung statisch aufgeladen wird, entwickelt er bestimmte Eigenschaften, wie dir der folgende Versuch zeigt.

Material:
1 Eierlöffel aus Plastik
1 Wollschal
1 Teller mit Puffreis

Durchführung:
Rubbel den Eierlöffel kräftig mit dem Schal ab, und halte ihn dann dicht über den Puffreis. Was passiert?

Ergebnis:
Wenn sich der Löffel dem Puffreis nähert, werden die Körner von ihm angezogen. Sie bleiben eine Zeit lang an ihm haften, springen dann aber plötzlich in alle Richtungen weg.
Statisch aufgeladene Gegenstände wie unser Eierlöffel können andere anziehen, die elektrisch neutral sind wie der (noch) ungeladene Puffreis. Aus diesem Grund kleben die Reiskörner zunächst am Eierlöffel. Dabei werden sie jedoch aufgeladen – und besitzen anschließend dieselbe Ladung wie der Löffel. Gegenstände, die die gleiche Ladung besitzen, stoßen sich jedoch gegenseitig ab. Deshalb fallen die Reiskörner nach kurzer Zeit wieder herunter. Darüber hinaus springen sie auch

noch nach allen Seiten weg, weil sie sich gegenseitig abstoßen.

Je nach Material, mit dem du den Löffel reibst, erzielst du mal mehr und mal weniger statische Elektrizität. Im Allgemeinen sind natürliche Stoffe (wie Wolle oder Leder) besser geeignet als synthetische. (Deshalb holst du dir im Kaufhaus einen stärkeren Schlag, wenn deine Sohlen aus Leder statt aus Gummi sind.)

Tricks mit dem Kamm

Manche Experimente mit statischer Elektrizität lassen sich hervorragend für kleine Zaubertricks verwenden, wie die hier beschriebenen Versuche mit dem „magischen Kamm" beweisen. Der Kamm wird durch Reibung statisch aufgeladen und entwickelt dann bestimmte Eigenschaften, die du in den folgenden drei Experimenten kennen lernen wirst.

Material:
1 Plastik-Kamm
1 Wollschal
Papierschnipsel oder Konfetti (du kannst auch die ausgestanzten Papierteilchen aus dem Innern eines Lochers verwenden)
1 Tischtennisball

Durchführung:
EXPERIMENT 1: Dreh den Wasserhahn in Küche oder Bad nur so weit auf, dass ein feiner Strahl herabläuft. (Um

Energie zu sparen, solltest du immer nur kaltes Wasser nehmen – es sei denn, wir benötigen für ein Experiment unbedingt warmes!) Reibe den Kamm dann kräftig mit dem Schal ab, und halte ihn dicht an den Wasserstrahl.

EXPERIMENT 2: Streu die Papierschnipsel auf die Tischplatte. Rubbel den Kamm erneut kräftig mit dem Schal, und halte ihn über die Schnipsel.

EXPERIMENT 3: Lege den Tischtennisball auf die Tischfläche. Nachdem du den Kamm durch kräftiges Reiben aufgeladen hast, hältst du ihn vor den Ball.

Was passiert in den drei Experimenten?

Ergebnis:

EXPERIMENT 1: Sobald der Kamm sich dem Wasserstrahl nähert, wird sich dieser in seine Richtung krümmen. Die Wassermoleküle, die auch gewisse elektrische Eigenschaften besitzen, werden nämlich durch den aufgeladenen Kamm angezogen.

EXPERIMENT 2: In diesem Versuch reagieren die Papierschnipsel ganz ähnlich wie die Puffreiskörner im vorherigen Experiment. Sie werden von dem aufgeladenen Kamm angezogen, springen hoch und bleiben kurze Zeit an ihm kleben.

EXPERIMENT 3: Der Ball wird ebenfalls vom Kamm angezogen; wenn du den Kamm hin und her bewegst, wird die Kugel ihm überallhin folgen.

Wusstest du übrigens schon, dass ...?

... elektrisch aufgeladene Gegenstände – wie unser durch Reibung geladener Kamm – auch auf Dinge mit entgegengesetzter Ladung eine Anziehungskraft ausüben? Pluspole ziehen nämlich Minuspole an. Im ersten Versuch hatten die Wassermoleküle eine der des Kamms entgegengesetzte Ladung, Konfetti und Tischtennisball hingegen waren ungeladen. Sie alle wurden vom aufgeladenen Kamm angezogen.

Versuche einmal, den Kamm mit anderen Stoffen (einem Baumwolltuch, einem synthetischen Gewebe, Papier) zu reiben – er wird sich in unterschiedlichem Maße aufladen. Wenn du dir mit dem Kamm durch das frisch gewaschene Haar fährst, so lädt ihn das ebenfalls sehr gut auf. (Frisch gewaschene Haare stehen oft auch ab, weil sich die gleich geladenen Haare gegenseitig elektrisch abstoßen. Allerdings werden bestimmte Shampoos extra so hergestellt, dass sie antistatisch wirken.)

Statische Elektrizität ist das elektrische Phänomen, das dem Menschen am längsten bekannt ist. So wussten bereits die Griechen der Antike, dass ein Stück Bernstein, das man mit einem Wolllappen reibt, Strohhalme und Fäden anzieht (im Prinzip ist das der gleiche Versuch wie dein zweites Experiment). Aus dem griechischen Wort für Bernstein, nämlich elektron, leitet sich später der Begriff „Elektrizität" ab.

Hilfe für Aschenbrödel

Statische Elektrizität lässt sich hervorragend dazu verwenden, um Gemische aus unterschiedlich schweren Teilchen zu trennen. Wenn Aschenbrödel aus dem Märchen der Gebrüder Grimm bereits von dem praktischen Nutzen dieses Naturphänomens gewusst hätte, wäre es gar nicht auf die Hilfe der Tauben angewiesen gewesen, um die Erbsen und Linsen aus der Asche zu klauben. Der nächste Versuch soll dir anhand einer Mischung von Salz und Pfeffer zeigen, dass es auch anders gegangen wäre.

Material:
1 Pfannenwender oder ein großer Löffel aus Plastik
1 Wolllappen
1 Teelöffel fein gemahlener Pfeffer
1 Teelöffel grobes Salz (am besten Salzkörner, wie sie in Salzmühlen verwendet werden)
1 kleine Schale

Durchführung:
Gib das Salz und den Pfeffer in die Schale, und mische beides gut. (Achtung, Niesreiz – halte die Nase nicht zu nah an den Pfeffer!) Schütte das Gemisch auf die Tischfläche, und streiche es etwas glatt. Anschließend reibst du den Pfannenwender bzw. den Löffel kräftig mit dem Lappen ab. Halte ihn über deine Gewürzmischung. Was passiert?

Ergebnis:
Die pulverisierten Pfefferteilchen sind leichter als die Salzkörner und werden als Erste vom Pfannenwender bzw. Löffel angezogen. Sie fliegen hoch und bleiben an ihm haften. Wenn du mit dem Wender noch näher an den Salz-Pfeffer-Hügel herangehst, werden aber auch die Salzkörner angezogen.

Ähnlich hätte es sich im Fall Aschenbrödel verhalten: Wenn das Mädchen einen Plastiklöffel gehabt hätte (den es vor gut 150 Jahren, zu Zeiten der Gebrüder Grimm, leider noch nicht gab), hätte Aschenbrödel ihn durch Reibung mit einem Wolltuch aufladen und die Asche dann „elektrostatisch" entfernen können.

Der anhängliche Luftballon

Abschließend hier noch ein Versuch mit statischer Elektrizität, bei dem du gut erkennen kannst, dass sich positive und negative Ladungen anziehen bzw. gleich gerichtete Ladungen einander abstoßen.

Material:
3 Luftballons
1 Wollpullover
2 Bindfäden

Durchführung:
EXPERIMENT 1: Blase einen Luftballon auf, verknote ihn, und reib ihn kräftig mit dem Wollpullover ab. Halte ihn nun an die Zimmerdecke.

EXPERIMENT 2: Blase die beiden anderen Ballons auf, und verknote sie luftdicht mit Bindfäden. Anschließend rubbelst du beide über deinen Wollpullover. Halte sie zunächst an den Fäden fest, und sorg dafür, dass sie sich berühren. Anschließend lass sie los.
Was wird jeweils passieren?

Ergebnis:
EXPERIMENT 1: Durch die Reibung am Pullover ist der Ballon geladen. Bei der Berührung mit der (ungeladenen) Decke bewirkt seine Ladung, dass er dort oben hängen bleibt.
EXPERIMENT 2: Die Ballons besitzen nach dem Abreiben beide dieselbe negative Ladung, deshalb streben sie, wenn du sie nebeneinander an einem Faden festhältst, in entgegengesetzte Richtungen. Durch die Reibung hat sich aber dein Pullover entladen, sodass die beiden geladenen Luftballons an ihm „kleben", sobald du die Fäden loslässt.

Der Fahrraddynamo

Als praktisches Beispiel für die Umwandlung von Energiefomen wollen wir uns einmal den Dynamo eines Fahrrads genauer betrachten. Dieser verwandelt nämlich Bewegungsenergie in Strom. Auf den ersten Blick dürfte der Rolldynamo aber gar nicht funktionieren, denn statt einer hin- und einer zurückführenden Leitung, ohne die ein Stromfluss normalerweise nicht möglich ist, besitzt er nur *ein* Verbindungskabel zur

Lampe. Handelt es sich hier etwa um ein einmaliges elektrisches Phänomen?

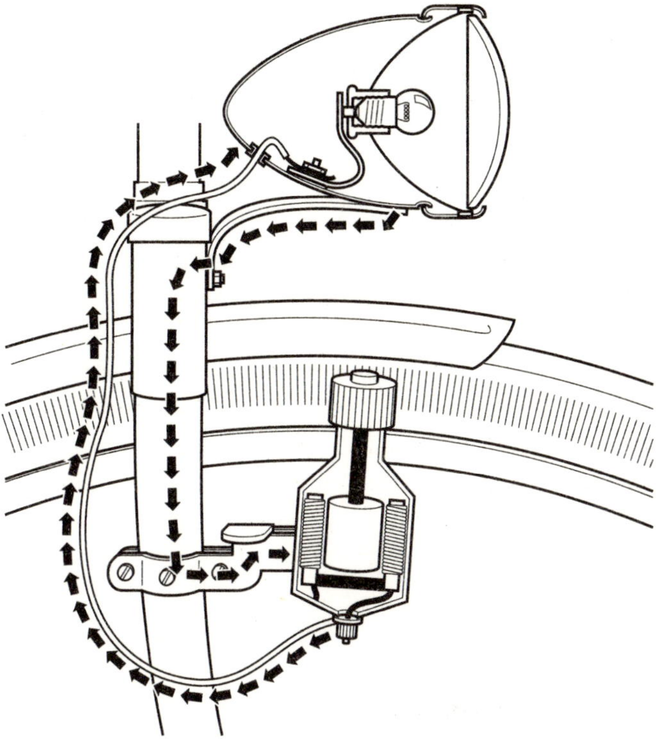

Wenn du einen Dynamo auseinander nähmst, kämen folgende Bestandteile zu Tage: Da ist zunächst einmal der runde Abgreifer aus Gummi oder Metall, der auf dem Radmantel rollt und einen Metallstab dreht, an dessen Ende sich ein Dauermagnet befindet; dieser wiederum steckt mit dem unteren Ende in einer Spule aus Kupferdraht, in der er rotiert. Durch die dabei anfallende magnetische Kraft wird in den Wicklungen

der Kupferspule eine Spannung erzeugt (siehe auch „Spulen im Magnetfeld", Seite 121). So entsteht ein Stromfluss, der durch den Draht zur Lampe und von dort in die Glühbirne gelangt, von wo er über Lampenglocke, Gabel und Kontaktschraube wieder zum Metallmantel des Dynamos zurückfließt. Ein undichtes Kabel oder eine beschädigte Lackstelle sind mitunter der Grund, warum der Stromfluss unterbrochen wird – es kommt zu einem Kurzschluss, und nichts läuft mehr. Regen und Schnee können wiederum bewirken, dass der Abgreifer nicht mehr richtig am Mantel anliegt. Dann dreht er sich zu wenig, sodass es an Bewegung fehlt, um den Dynamo zu laden. Auch ein rostiger Dynamo kann übrigens dazu führen, dass kein Strom fließt, da die elektrische Leitfähigkeit von Rost (oxidiertem Eisen) sehr viel schlechter ist als die von Eisenmetall.

Bleistift statt Kabel

Das folgende Experiment demonstriert die verblüffende Tatsache, dass nicht nur Metalle den elektrischen Strom gut leiten können.

Material:
eine 4,5-Volt-Batterie mit Metallzungen
1 Fahrradbirne (aus dem Rücklicht)
eine Schere, ein Bleistift, Isolierband
ANMERKUNG: Der hier beschriebene Batterietyp mit den Metallzungen wird mittlerweile nur noch sehr sel-

ten verkauft. Solltest du ihn nicht bekommen, musst du dir eine moderne Vierkant-Batterie kaufen und die Zungen selbst basteln: Dazu kannst du zwei Krokodilklemmen verwenden (ganz profimäßig!), es geht aber auch mit anderen Gegenständen aus Metall wie z. B. Haarklammern, Strick- oder Sicherheitsnadeln, Büroklammern oder dem Metallsteg eines Schnellhefters (den du allerdings in zwei Teile schneiden musst).

Durchführung:
Befestige die Glühbirne mit Isolierband so am stumpfen Ende des Bleistifts, dass der Pol der Birne mit der Grafitmine in Kontakt steht. Dann lege die Batterie auf die Seite, und biege ihre Zungen so, dass sie Bleistiftspitze und Schere berühren. Die eine Zunge der Batterie (die am Minuspol) sollte mit einem Schenkel der Schere verbunden sein, die „Plus-Zunge" mit dem Bleistift. Was geschieht, wenn du mit dem noch freien Scherenschenkel die Birne berührst?

Ergebnis:
Das Birnchen wird aufleuchten. Der Strom nimmt in diesem Versuchsaufbau folgenden Weg: Vom Minuspol der Batterie fließt er durch die Schere zum Glühdraht des Birnchens, das dann zu leuchten beginnt. Von dort läuft er weiter durch die Grafitmine des Bleistifts zum Pluspol (der zweiten Batteriezunge). Wie das Experiment beweist, leitet Grafit den Strom offenbar hervorragend.

Wusstest du übrigens schon, dass ...?

... selbst Wasser Strom leiten kann? Deshalb sollte man sich auch nie in der Badewanne föhnen, denn das kann unter Umständen tödlich enden! Die besten elektrischen Leiter sind jedoch Metalle wie beispielsweise Kupfer, weshalb die meisten Stromkabel aus Kupferdraht sind.

Staubexplosion

Eine Explosion ist nichts anderes als eine blitzschnelle Verbrennung, bei der die gesamte Energie, die einen Körper zusammenhält – also seine Bindungsenergie – schlagartig freigesetzt wird. Das passiert bei einer Gasexplosion oder Detonation einer Bombe oder auch in jedem Automotor, der im Grunde genommen ja nur von kleinen Explosionen (bei der Verbrennung des Benzin-Luft-Gemisches im Kolben) angetrieben wird. Obwohl deine Eltern bei diesem Versuch wahrscheinlich die Krise bekommen werden, kannst du den oben beschriebenen Vorgang in Form einer Mehlstaubexplosion harmlos nachstellen. Dabei verpufft nämlich nur ein Luft-Mehl-Gemisch. Aufgrund der starken Staubentwicklung (und den Nerven deiner Mutter zuliebe) solltest du dieses Experiment unbedingt im Freien durchführen! Staubexplosionen sind in großem Maßstab übrigens beileibe nicht harmlos: Manche Kohlenzeche, aber auch große Mehlsilos von Bäckereien wurden schon durch eine solche Detonation zerstört. Damit bei deiner Explosion alles glatt läuft, sollte deshalb unbedingt ein Erwachsener dabei sein!

Material:
2–3 Esslöffel Mehl
1 Schuhkarton mit Deckel
1 Haarsieb, 1 Teelöffel, eine Schere, Streichhölzer

Durchführung:
Da haushaltsübliches Mehl immer etwas feucht ist, musst du es vor dem Versuch trocknen. Heize dazu den Backofen auf 100 bis 150 Grad Celsius vor, schütte das Mehl auf ein Backblech, und lass es dann ca. 30 Minuten lang trocknen. Anschließend kippst du es durch ein feines Sieb. Mit der Schere schneidest du nun an einer Seite ein etwa markstückgroßes (demnächst euro-großes) Loch in den Schuhkarton. Gib nun einen Teelöffel trockenes, gesiebtes Mehl in den Karton, leg den Deckel darauf, und schüttle die Kiste einige Male kräftig durch (halt aber dabei das Loch zu!). Dadurch verteilt sich der Mehlstaub gleichmäßig in der eingeschlossenen Luft. Jetzt stellst du den Karton auf eine ebene, feste Unter-

lage, beispielsweise einen soliden Gartentisch. Zünde ein Streichholz an, und halte das brennende Zündholz vor die Öffnung an der Seite. Was passiert?

Ergebnis:
Das Mehl-Luft-Gemisch verpufft mit einem kleinen Knall. Durch die dabei entstehende Druckwelle fliegt der Deckel weg.

Der „unaufblasbare" Ballon

Die beiden folgenden Versuche zeigen dir auf recht einfache Weise, dass nicht alles leer ist, was auf den ersten Blick leer aussieht. Wenn du Lust hast, kannst du das erlernte Wissen nachher in eine todsichere Wette gegen deine Freunde verwandeln: Wetten, dass es keiner schafft, einen Luftballon aufzublasen, der in einer Flasche steckt?

Material:
1 Luftballon
1 leere Cola-, Limo- oder Wasserflasche (aus Glas)
1 Gefrierbeutel
1 Apfel

Durchführung:
EXPERIMENT 1: Stopfe den Ballon in die leere Flasche, und ziehe seinen Rand fest über den Flaschenhals. Nun versuche den Luftballon aufzublasen (oder lass es deine Freunde versuchen). Ob das wohl klappt?

EXPERIMENT 2: Stecke den Apfel in den Gefrierbeutel, und schließe ihn durch Verdrehen am oberen Ende. Saug nun kräftig am Beutelende. Was passiert?

Ergebnis:

EXPERIMENT 1: Nein, es wird nicht klappen – ganz gleich, wie kräftig du auch in den Ballon hineinpustest. Denn tatsächlich ist die Flasche ja nicht leer, sondern voller Luft. Um noch mehr Luft in den Ballon zu pumpen, müsstest du die bereits vorhandene aus der Flasche verdrängen. Wegen der starren Glaswände ist das aber unmöglich, und du wirst vergeblich und mit hochrotem Kopf in die Flasche blasen.

EXPERIMENT 2: Der Gefrierbeutel wird sich nach innen ziehen und eng um den Apfel schließen, denn durch das Saugen hast du die in der Tüte vorhandene Luft herausgezogen und so einen Unterdruck erzeugt. Das gleiche Phänomen kannst du beobachten, wenn du ein Tetrapack Milch ausgießt oder mit dem Mund an einer Safttüte saugst – beide Kartons ziehen sich zusammen, weil nur Flüssigkeit nach außen, jedoch keine Luft nach innen gelangt. Wenn du aber die Milchtüte vor dem Ausschütten am gegenüberliegenden Ende abschneidest, kann Luft einströmen, und der Unterdruck wird ausgeglichen.

Wusstest du übrigens schon, dass ...?

... manche Lebensmittel „vakuumverpackt" werden? Oft wird ein Vakuum benötigt, wenn bestimmte Stoffe nicht mit Sauerstoff in Berührung kommen sollen, damit sie

länger halten (z. B. bei Kaffee, der sein Aroma nicht verlieren soll). Viele Hausfrauen und -männer nutzen beim Einfrieren den Trick mit dem Ansaugen. Auf diese Weise wird verhindert, dass sich Luftblasen zwischen Gefriergut und Beutelwand bilden, was die Gefahr von Gefrierbrand vergrößern würde. (Gefrierbrand ist nichts anderes als eine unbeabsichtigte Gefriertrocknung; Naturwissenschaftler bezeichnen diese Verdunstungsreaktion, bei der ein fester Stoff nicht erst flüssig, sondern sofort zu Gas wird, als *Sublimation*.) Ein natürlicher Unterdruck herrscht übrigens auch bei uns Menschen in jenem Hohlraum, der die Lunge umgibt; dieses „Vakuum" erleichtert das Einatmen. Bei Verletzungen im Brustbereich wird der Unterdruck sofort ausgeglichen, und der betroffene Lungenflügel zieht sich schlagartig zusammen.

Chemie und Fun

Butter selbst gemacht

Zur Abwechslung sollst du jetzt mal ein Experiment durchführen, dessen Ergebnis du zum Frühstück oder zum Abendessen genießen kannst: Versuche einmal selbst Butter herzustellen. Allerdings ist das recht kraftaufwändig, deshalb solltest du einen Freund bitten, dir dabei zu helfen.

Material:
1 Becher Schlagsahne (keine H-Sahne)
1 großes Schraubdeckelglas (z. B. ein Honigglas)
1 Haarsieb
1 Gabel

Durchführung:
Nimm die Sahne aus dem Kühlschrank, und stell sie für eine Viertelstunde auf den Küchentisch, damit sie leicht warm wird. Dann füll das Glas zu zwei Dritteln damit, und schraub den Deckel fest zu. Schüttel deine behelfsmäßige „Buttertrommel", indem du das Handgelenk rasch hin und her drehst. (Das Glas beschreibt dabei die Form einer Acht.) Da du die Sahne ununterbrochen insgesamt 15 bis 20 Minuten schütteln musst, solltest du zwischendurch mal die Hand wechseln. Besitzt du gar keine Kraft mehr, so kann dein Freund dir das Schütteln abnehmen. Was ist mit der Schlagsahne passiert, wenn du fertig bist?

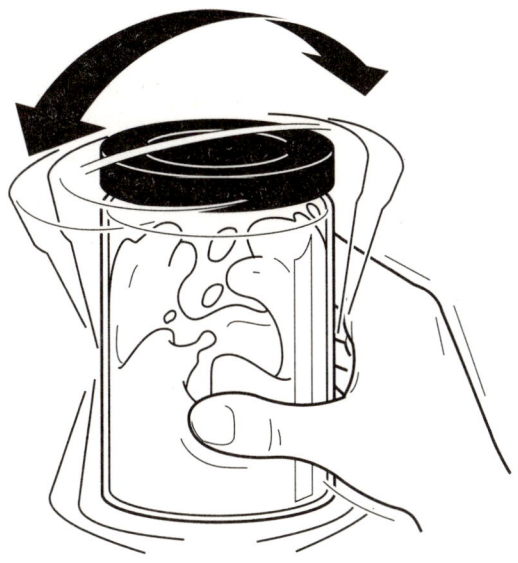

Ergebnis:

Die Sahne wird zunächst schaumig, so wie du es vom Sahneschlagen mit dem Handmixer her kennst. Nach einer Weile kannst du kleine Flöckchen sehen, die mit der Zeit immer größer werden: Das sind die Butterflocken. Sobald sie die Größe von Sonnenblumenkernen erreicht haben, kannst du den Vorgang des „Butterns" abbrechen. Jetzt schüttest du die weißliche Flüssigkeit durch das Sieb, am besten in ein Glas – denn diese selbst gemachte Buttermilch kannst du gut trinken. Die Butterflocken werden im Sieb behutsam mit kaltem Wasser gewaschen und danach mit der Gabel zusammengeknetet. Nun ist deine Butter fertig, und du kannst sie als Brotaufstrich verwenden.

Wusstest du übrigens schon, dass ...?

... Schlagsahne, physikalisch betrachtet, eine so genannte Emulsion ist? Das ist eine Zusammensetzung aus zwei unterschiedlichen Flüssigkeiten (auch „Phasen" genannt, im Fall der Sahne sind es Milchfette und wässrige Milch), die sich nicht vollständig miteinander vermischen. Andere Beispiele für Emulsionen, die du aus dem Alltag kennst, sind beispielsweise Majonäse oder Bodylotion. Emulsionen sind nur innerhalb eines bestimmten, engen Temperaturbereichs stabil, weshalb du beim Schlagen von Sahne darauf achten musst, dass diese gut gekühlt ist. (Ist sie nämlich zu warm, kannst du unter Umständen unfreiwillig Butter anstelle von Schlagsahne bekommen.) Wenn deine Mutter aber Majonäse selbst machen will, muss sie umgekehrt darauf achten, dass alle Zutaten gleich warm sind, da diese sonst keine Emulsion bilden – und das würde bedeuten, dass die Majonäse gerinnt!

Zuckerkristalle

Zucker, Salz und Quarz sind Kristalle – das sind Körper, die in einer bestimmten, festen und vor allem geordneten Struktur vorkommen. Bestimmt kennst du aus dem Supermarkt die großen Eierkartons, in denen pro Lage an die 100 Eier nebeneinander liegen. Wenn du mehrere dieser flachen Eierkartons übereinander stapelst, hast du eine ähnliche Struktur wie in einem Kristall – die Eier (vergleichbar mit den Bestandteilen eines Kristalls) sind alle schön geordnet. Wenn nun ein Kristall

mit einer geeigneten Flüssigkeit in Berührung kommt (bei Salz und Zucker reicht Wasser, bei Quarz müsste es Flusssäure sein), dann löst er sich darin auf, und seine einzelnen Bestandteile befinden sich nun in einer Lösung. Im Fall unseres Eierkartons würde die Pappe im Wasser auseinander fallen, und die Eier würden ungeordnet wegrollen. Allerdings kannst du aus einer Lösung auch wieder einen Festkörper machen, und das wollen wir im folgenden Experiment versuchen.

Material:
1 mittelgroßer Kochtopf
1 Kilogamm Zucker
1 Einmachglas
1 Zwirnsfaden
1 Holzspießchen
ein Kochlöffel, Wasser

Durchführung:
Bring das Wasser zum Kochen. Dann nimm den Topf vom Feuer, lass ihn etwas abkühlen, und gib 3/4 des Zuckers hinzu. Löse diesen unter Rühren auf, und schütte anschließend den Rest hinein, bis kein Zucker mehr in Lösung geht. Wenn sich das Ganze abgekühlt hat, gießt du es in das Einmachglas. Knote einen Faden an das Spießchen, feuchte ihn an, und tauche ihn in Zucker. Einige Kristalle werden an ihm haften bleiben. Nun lege den Spieß quer über die Öffnung des Einmachglases, sodass der bezuckerte Faden in der Lösung hängt. Bewahre das Glas anschließend an einem kühlen und ruhigen Ort auf (ideal sind Keller oder Speise-

kammer). Es darf jetzt nicht mehr geschüttelt, umgerührt oder sonstwie bewegt werden. Schau nach ein paar Tagen wieder nach dem Glas. Was ist wohl passiert?

Ergebnis:
Am Zwirnsfaden sind die Kristalle gewachsen, und es werden von Tag zu Tag mehr. Beim Auflösen sind die Zuckermoleküle (d. h. die mikroskopisch winzigen Teilchen des Zuckers) aus der festen Kristallstruktur „ausgebrochen" und haben sich im warmen Wasser gelöst. (Höhere Temperaturen unterstützen übrigens die meisten Lösungsprozesse.) Die Zuckermoleküle sind also nicht verschwunden, wie man vielleicht zunächst vermuten könnte. Dieser Vorgang ist aber auch spontan umkehrbar, und zwar aus folgendem Grund: Gelöste und feste Moleküle befinden sich bei diesem Prozess in einem Gleichgewicht, denn es gehen genauso viele Moleküle in Lösung, wie umgekehrt gelöste Teilchen auskristallieren:

$$\text{Zucker }_{\text{GELÖST}} \rightarrow \text{Zucker }_{\text{FEST}}$$

Dieses Gleichgewicht kann sich nach links oder nach rechts verschieben: Wenn im Einmachglas mehr Flüssigkeit wäre, würde sich kaum kristalliner Zucker bilden, und umgekehrt gäbe es kein „Zuckerwasser", wenn nur wenig Wasser in dem Gefäß wäre.
Indem du nun einige feste Zuckerkörnchen in die Lösung gegeben hast, hast du die Reaktion ausgelöst. Die Kristallbildung wird nämlich auch dadurch unter-

stützt, dass du eine übersättigte Lösung hergestellt hast, in der mehr gelöste Teilchen enthalten sind, als die Flüssigkeit eigentlich aufnehmen kann. Daher reichen bereits wenige feste Kristalle als so genannte Kristallisierungskeime, damit der Zucker spontan auskristallisiert.

Wusstest du übrigens schon, dass ...?

... normaler Raffinadezucker bei uns aus Zuckerrüben gewonnen wird? Sie werden in mehreren Arbeitsschritten gewaschen, zerkleinert und dann wie in unserem Versuch zu Zuckerkristallen verarbeitet. Eine andere Zuckerquelle ist das Zuckerrohr aus der Karibik, aus dem brauner Zucker („Rohrzucker") und Rum hergestellt werden.

 ## Wolkenbruch im Wohnzimmer

Der Name „Wolkenbruch im Wohnzimmer" klingt natürlich schlimmer, als dein Versuch letztendlich ist. Denn schließlich willst du ja nicht eure gute Stube überfluten, sondern nur einen künstlichen Regen erzeugen – und dazu brauchst du lediglich etwas Platz in der Küche.

Material:
1 großer Topfdeckel
1 kleiner Topf mit Deckel
Wasser, Topflappen

Durchführung:

Leg den großen Topfdeckel ungefähr eine Stunde lang in den Kühlschrank (oder eine halbe Stunde in die Gefriertruhe); er muss auf jeden Fall ganz kalt sein. Fülle den kleinen Topf halb voll mit Wasser, verschließe ihn mit dem Deckel, und bring das Wasser zum Kochen. Nun nimmst du den Deckel aus dem Kühlschrank. Fass ihn dazu mit dem Topflappen an – vor allem wenn er aus dem Gefrierfach kommt, besteht sonst die Gefahr, dass du mit den Fingern an ihm festfrierst! Nimm die Abdeckung vom Topf mit dem kochenden Wasser, und halte den kalten Deckel gut 30 Zentimeter über den aus dem Topf aufsteigenden weißen Dunst. Was passiert dann?

Ergebnis:

Schon bald beginnen dicke Tropfen am Deckel abzuperlen. Der aufsteigende weiße Dampf besteht nämlich aus vielen Wassermolekülen, die aus dem Topf verdunstet sind. An dem kalten Deckel kühlt sich der Dunst ab und wird wieder zu Wasser. Eine ähnliche Beobachtung kannst du machen, wenn du sehr heiß geduscht hast und das ganze Badezimmer voller Dunstschwaden ist. Drehst du dann die Heizung auf, verschwinden die Schwaden recht bald, aber sobald du anschließend das Fenster aufreißt und kühle Luft hereinströmt, erscheinen plötzlich Wassertropfen an den Wänden. Die Naturwissenschaftler bezeichnen diese Umwandlung von Wasserdampf in Wasser als „Kondensation".

Wusstest du übrigens schon, dass ...?

... sich der Regen in der Natur genauso bildet wie in deinem Versuch? Auf den weiten Flächen der Ozeane wird das Wasser vom einfallenden Sonnenlicht erhitzt und beginnt, in seinen oberen Schichten zu verdunsten. Auch die Luft über der Meeresoberfläche erwärmt sich und steigt nach oben, wobei sie die gasförmigen Wassermoleküle mitnimmt. In den kühleren Luftschichten schließen sich die Wassermoleküle nun zu Wolken zusammen, die also im Grunde nichts anderes sind als Ansammlungen von Wasserdampf. Die Wolken werden durch Winde in der Atmosphäre weitergetragen und landen irgendwann über dem Festland. Das kann sich nicht so stark aufheizen wie die Meere und ist daher kälter; die feuchten Luftmassen kühlen ab, und da kühlere Luft weniger Wasser transportieren kann als warme, beginnt es zu regnen (bzw. im Winter zu schneien). Diese Niederschläge gelangen über Bäche und Flüsse wieder ins Meer, und der Kreislauf des Wassers beginnt von vorn.

 Wasseraufbereitung ganz einfach

Einen praktischen Nutzen der Kondensation, die du im vorigen Experiment untersucht hast, wollen wir im nun folgenden Versuch testen: Schmutziges, trübes Wasser, das man oft in Pfützen, Gräben oder manchen Kinderplanschbecken findet, wird wieder sauber – ohne komplizierte Filteranlagen und technischen Schnickschnack. Und das alles mit Sonnenenergie!

Material:
1 große Spülschüssel oder Plastikwanne
1 kleine Schüssel (z.B. eine Müslischale oder eine
Milchkaffeetasse; der Wannenrand muss auf jeden
Fall höher sein!)
2–3 kleine, saubere Kieselsteine oder Tonscherben
1 Schöpfer
Klarsichtfolie (am besten Frischhaltefolie von der
Rolle), Klebeband, schmutziges Wasser

Durchführung:
Fülle Schüssel oder Wanne zwei Fingerbreit mit ver-
schmutztem Wasser, das du aus einer Pfütze, Regen-
tonne oder etwas Ähnlichem geschöpft hast. Anschließend stellst du die Schüssel an eine sonnige Stelle –
idealerweise sollte die Sonne hier den ganzen Tag über
scheinen. Setze die Müslischale in die Mitte der Schüssel, und lege unter Umständen ein bis zwei saubere Kiesel oder Scherben hinein, damit sie nicht weg-
schwimmt. Jetzt spannst du die Folie über die große
Schüssel und befestigst sie anschließend außen mit
Klebeband. Auf die gespannte Folie legst du nun einen

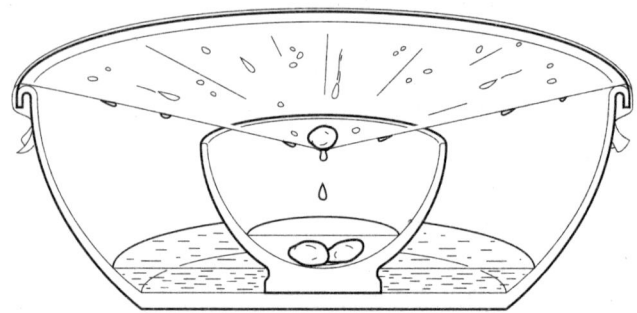

weiteren Kiesel bzw. eine Scherbe – und zwar genau über die Müslischale. Die Folie sollte hier leicht durchhängen, darf die Schale aber nicht berühren. Schau im Laufe des Tage nach, was sich in der Schüssel tut.

Ergebnis:
Nach einigen Stunden bilden sich innen auf der Folie klare Wassertropfen, die im Laufe der Zeit zur durchhängenden, tiefsten Stelle der Folie rinnen und von dort in die Müslischale herabtropfen. Hier sammelt sich dann immer mehr sauberes Wasser.

Der ganze Vorgang läuft folgendermaßen ab: Die Sonnenstrahlen heizen das Wasser unter der Folie auf, es verdunstet allmählich, und die gasförmigen Wassermoleküle steigen nach oben. Dort treffen sie schon bald auf die Folie, die wesentlich kühler ist (unter anderem durch die Zugluft, die von außen über sie streicht). Die Folie löst daher wie der kalte Deckel aus dem vorigen Experiment eine Kondensation des Wassers aus. Als Folge der Erdanziehungskraft rinnen die Tropfen dann zum tiefsten Punkt der Folie, wo sie sich zusammenschließen. Dabei werden sie so schwer, dass sie in die Müslischale tropfen. Diese besondere Form der Kondensation wird übrigens als *Destillation* bezeichnet: Eine Flüssigkeit wird durch Erhitzen verdampft und der Dampf an anderer Stelle durch Abkühlung wieder verflüssigt.

Doch weshalb verdunstet der Schmutz nicht? Nun, die Wärme der Sonnenstrahlung reicht aus, um Wasser verdunsten zu lassen, damit aber Erde, Schwebteilchen und anderer „Dreck" verdampfen, bedarf es sehr hoher

Temperaturen. Im Inneren der Sonne, wo etliche tausend Grad Celsius herrschen, würde auch jeglicher Schmutz verpuffen. Chemisch-physikalisch ausgedrückt besagt das, dass Wasser und „Schmutz" unterschiedliche Siedepunkte haben.

Wusstest du übrigens schon, dass ...?

... Destillationsverfahren sehr oft in der Industrie genutzt werden, um Flüssigkeiten mit unterschiedlichen Siedepunkten zu trennen? Ein bekanntes Beispiel ist die destillative Trennung von Rohöl. Je nach Siedepunkt erhält man niedrig siedendes Flugbenzin, Benzin oder höher siedendes Heizöl. Der Rückstand kann zu Teer verarbeitet werden.

Der brennende Zuckerkegel

Für viele Erwachsene ist eine Feuerzangenbowle das größte Wintervergnügen. Und es macht auch wirklich Spaß, den blauen Flammen zuzuschauen, die am Zuckerhut emporzüngeln, während der geschmolzene Zucker zischend im Punsch versinkt. Probleme bereitet allerdings oft das Anzünden des Kegels, denn gewöhnlicher, trockener Zucker fängt normalerweise kein Feuer. Welche Zutaten man zum völligen „Verbrennen" von Zucker braucht, erfährst du im nächsten Experiment.

Material:
1 Zuckerwürfel
1 flacher Aschenbecher
etwas Zigarettenasche, Streichhölzer

Durchführung:
Lege das Stück Würfelzucker (nachdem du eine eventuelle Papierverpackung entfernt hast!) in den sauberen Aschenbecher, und versuche, den Zucker mithilfe eines Streichholzes anzuzünden. Das wird dir wohl nicht gelingen. Nun drücke den Würfel an einem Ende in die Zigarettenasche, lege ihn wieder in den Aschenbecher, und versuche erneut, ihn anzustecken. Was passiert diesmal?

Ergebnis:
Beim zweiten Mal wird der Zucker verbrennen, nachdem er unter blauer Flammenbildung zunächst bräunlich geschmolzen ist. (Flüssiger Zucker wird übrigens als Karamell bezeichnet.)
Diesen Vorgang hat erst die Asche ermöglicht. Sie selbst ist dabei natürlich nicht noch einmal verbrannt worden – Asche ist ja bereits das Produkt einer Verbrennung. Stoffe, die eine Reaktion in Gang bringen oder beschleunigen, ohne dabei selbst verbraucht zu werden, nennt man in der Chemie Katalysatoren. Die Asche wirkt also beim Verbrennungsprozess des Zuckers als Katalysator.

Wusstest du übrigens schon, dass ...?

... Katalysatoren an ziemlich vielen chemischen Vorgängen beteiligt sind? Der wohl bekannteste ist natürlich der Katalysator im Auto, kurz „Kat" genannt. Er dient dazu, die Schadstoffmenge in den Abgasen zu vermindern. Das Innere eines solchen Katalysators ist mit einem wabenartigen Keramikträger ausgefüllt, auf dem über eine Zwischenschicht die katalytisch aktive Substanz angebracht ist. Die Wabenstruktur bewirkt, dass der Kat eine im Verhältnis zu seinem Rauminhalt sehr große, katalytisch wirksame Oberfläche besitzt. Bei den üblichen Katalysatoren besteht die katalytisch aktive Schicht aus Perlen, die mit den Metallen Palladium und Platin überzogen sind. Durch ihre Mithilfe werden Schadstoffe (genauer: Kohlenmonoxid sowie bestimmte Kohlenwasserstoffe) in harmloses Wasser und Kohlendioxid umgewandelt. Chemisch betrachtet handelt es sich hier um eine Oxidation. Den dritten bedeutenden Schadstoffanteil im Abgas stellen die Stickoxide. Sie können mit den modernen Katalysatoren nicht vollständig entfernt werden. Dabei sorgen gerade sie für „dicke Luft" in den Städten, weil sie für die hohen Ozonwerte verantwortlich sind. (Stickstoffdioxid spaltet nämlich unter Einfluss des Sonnenlichts ein Sauerstoffatom ab, das sofort mit molekularem Sauerstoff zu Ozon weiterreagiert.) In Belgien soll deshalb im Frühjahr 1999 eine Forschergruppe einen Katalysator entwickelt haben, der als katalytisch aktiven Bestandteil Silber enthält. Mit diesem neuen „Kat" könnten Stickoxide vollständig unter anderem in Stickstoff und Wasser umgewandelt (reduziert) werden. Da es aber

einige technische Schwierigkeiten gibt, wird es wohl noch ein wenig dauern, bis dieser moderne Katalysator in Autos und Fabriken eingesetzt werden kann.

Für die Funktion eines Auto-Katalysators sind zwei Faktoren notwendig. Zum einen braucht er eine Mindesttemperatur von 250 Grad Celsius, bevor er überhaupt zu arbeiten beginnt (das ist seine so genannte „Ansprintemperatur"). Der günstigste Temperaturbereich für eine hohe Umwandlungsrate und lange Lebensdauer liegt zwischen 400 bis 800 Grad Celsius. Ab etwa 800 bis 1 000 Grad Celsius beginnt dann bereits die Zersetzung und Zerstörung der katalytisch aktiven Schicht.

Zum anderen ist die Zusammensetzung des Abgases von großer Bedeutung. Die so genannte *Lambda-Sonde* im Katalysator misst die Konzentration verschiedener Bestandteile im Abgas und gibt diese Information an die Einspritzanlage im Motor weiter, sodass das Luft-Kraftstoff-Gemisch für die vollständige Entfernung der Schadstoffe eingestellt werden kann.

Autos mit Katalysatoren dürfen übrigens nur bleifreies Benzin tanken, da sich Blei auf den Perlen der katalytisch aktiven Schicht ablagert und diese unwirksam werden lässt.

Papier selbst gemacht

Klare Sache – Altpapier kommt in den Container. Aber hast du dich schon einmal gefragt, wie man daraus eigentlich neues Papier macht? Das wollen wir im folgenden Versuch einmal ausprobieren.

Material:
4 Holzlatten (40 cm mal 30 cm)
1 alte Zeitung oder 3–4 Eierkartons
1 Eimer
1 Küchenmaschine mit Schermesser
1 Plastikwanne
mehrere alte Geschirr- oder Küchenhandtücher
1 Nudelholz
Fliegendraht, Nägel, Reißzwecken, ein Hammer
Wasser
ANMERKUNG: Frage deine Eltern, ob du die Küchenmaschine für diesen Zweck benutzen darfst, da es sehr
mühselig ist, sie anschließend wieder zu reinigen.
Außerdem musst du mit dem Schermesser besonders
vorsichtig sein, da es sehr scharf ist. Am besten lässt du
dir dabei von einem Erwachsenen helfen. Auch die
Küchenhandtücher musst du unter Umständen hinterher wegwerfen. Daher bitte vorher fragen – und lieber
keine funkelnagelneuen nehmen.

Durchführung und Ergebnis:
Zunächst baust du dir ein Sieb: Bastel dir aus den vier
Latten einen viereckigen Rahmen, und bespanne ihn
mit Fliegendraht (den kannst du mit den Reißzwecken
festmachen).
Nun reiß die Zeitung oder die Eierkartons in kleine Stücke, und gib sie in den Eimer. Fülle ihn halb mit Wasser,
und lass alles für ein bis zwei Stunden einweichen.
Anschließend gibst du die Papiermasse in die Küchenmaschine. Dort zerkleinerst du alles zu einem feinen,
dünnflüssigen Brei. Diesen kippst du in die Wanne,

fährst mit dem Fliegendrahtgitter hinein und schöpfst einen Teil der Masse ab. Schüttel den Rahmen, damit sich der Brei gleichmäßig verteilt und das Wasser gut abtropfen kann. Nun legst du das Geschirrtuch darüber und rollst das Ganze sehr fein mit dem Nudelholz aus. Anschließend kannst du alles vorsichtig umdrehen, den Rahmen heben und die Masse auf dem Tuch liegen lassen. Jetzt schöpfe eine neue Lage ab, und behandle sie auf die gleiche Weise. Mache damit so lange weiter, bis keine Masse mehr da ist. Die fertigen Papierbögen kannst du auf der Heizung oder in der Sonne trocknen lassen.

Der Ausdruck „handgeschöpftes Papier" oder „Büttenpapier" bezieht sich genau auf dieses Verfahren, nach dem seit Jahrhunderten Papier hergestellt wird. (Eine Bütte ist übrigens genau so ein dünnmaschig bespannter Holzrahmen, wie du ihn auch verwendet hast.)

Wusstest du übrigens schon, dass ...?

... Papier aus Zellstoff (oder Zellulose) gewonnen wird? Das ist eine Substanz, die in allen Pflanzen als Bestandteil der Zellwand vorkommt. Das meiste Papier wird aus Holz hergestellt, aber ein großer Teil wird aus Altpapier recycelt. Da Papier normalerweise beige (bzw. im Falle von Altpapier grau) ist, viele Menschen aber weiße Papierbögen brauchen oder bevorzugen, muss die Papiermasse gebleicht werden. Häufig geschieht das mit der Hilfe von Chlor, das jedoch extrem umweltbelastend ist. Daher verwendet man inzwischen zunehmend Bleichmittel auf der Grundlage von Sauerstoff.

Papier gibt es übrigens schon länger als Menschen – denn die ältesten Papierhersteller sind die Wespen: Mit ihren scharfen Kiefern raspeln sie Holzsplitter ab, zerkauen sie zu einer Papiermasse und bauen daraus ihre Nester – und das schon seit Millionen von Jahren!

Rotkohl als Säurezeiger

In der Chemie ist es oft sehr wichtig zu wissen, welchen Säuregehalt eine Lösung hat. Der Chemiker spricht dabei vom pH-Wert. Der Säuregehalt kann auf einer 14-stelligen Mess-Skala abgelesen werden, ein niedriger pH-Wert (= viel Säure) entspricht Werten von 1–7, und bei pH 7 spricht man von einem neutralen Wert, während Lösungen mit pH 8–14 als alkalisch oder basisch bezeichnet werden.

Ein pH-Wert lässt sich nun über komplizierte Messgeräte ermitteln, der Chemiker kann ihn aber auch mithilfe einfacher, rascher Farbreaktionen herausbekommen. Er weiß nämlich, dass einige pflanzliche Farbstoffe – je nach Säuremenge, mit der sie in Berührung kommen – ihre Farbe wechseln. Häufig beruht das darauf, dass konzentrierte Säure die Pflanzen-Farbstoffe verändert, wodurch diese das Sonnenlicht anders reflektieren – als Ergebnis sieht man einen anderen Farbton.

Genau dies soll im folgenden Experiment erprobt werden.

Material:
3 große Rotkohl-Blätter
1 großes und 3 kleine Marmeladengläser
1 Esslöffel Essigessenz
1 Esslöffel Salmiakgeist (erhältst du in der Apotheke)
2 Kochtöpfe
Wasser
ACHTUNG: Rotkohlwasser kann auf Kleidung hässliche Flecken verursachen, die beim Waschen nicht mehr herausgehen. Achte deshalb darauf, dass nichts auf deine Kleider spritzt. Zieh am besten alte Sachen oder einen ausrangierten Haushaltskittel deiner Mutter an.

Durchführung:
Bringe in einem der beiden Kochtöpfe einen Viertelliter Wasser zum Sieden. Schneide dann die Rotkohl-Blätter in feine Schnipsel, lege sie in den zweiten Topf, und übergieße sie mit dem kochenden Wasser. Nach 30 Minuten hat sich dieses Wasser dunkellila gefärbt und ist abgekühlt. Nun gießt du es in das große Marmeladenglas ab. Fülle die drei kleinen Gläser halb mit Leitungswasser, und gib in das erste zusätzlich den Salmiakgeist, in das zweite den Essig. Anschließend schüttest du in alle Gläser die gleiche Menge Rotkohl-Wasser. Was passiert?
Du kannst auch Folgendes ausprobieren: Nimm anstelle von Essigessenz und Salmiakgeist jeweils einen Esslöffel Zitronenextrakt bzw. aufgelöstes Natron (kannst du in jeder Drogerie oder im Supermarkt kaufen). Was passiert nun?

Ergebnis:
Die Flüssigkeit in Glas 1 wird grün, während der Inhalt des zweiten Glases einen roten Farbton annimmt. Das Wasser im dritten Glas bleibt lila. Der Farbstoff im Rotkohl, den du durch das kochende Wasser aus den Blättern gelöst hast, heißt *Anthocyan* und dient als Säureanzeiger (Indikator), der je nach Säuregehalt einer Lösung seine Farbe verändert: Essigessenz enthält viel Essigsäure, die mit den Anthocyanen reagiert und die Lösung rot werden lässt; Salmiakgeist hingegen beinhaltet alkalisches Ammoniak, bei dessen Reaktion mit dem Rotkohl-Farbstoff die Lösung grün wird. Bei der dritten Lösung bleibt die Farbe unverändert, da weder Säuren noch Basen (das sind alkalische Lösungen) hinzugekommen sind. Wie du siehst, kannst du also anhand deines Farb-Indikators rasch feststellen, wie sauer bzw. wie basisch eine unbekannte Lösung ist.

Wusstest du übrigens schon, dass ...?

... im Chemieunterricht seit jeher Lackmuspapier als einfacher Säure-Indikator verwendet wird? Auch hierbei kannst du anhand der sich bildenden Verfärbung auf dem Papier erkennen, ob eine Lösung stark bzw. schwach sauer oder auch völlig neutral ist. Lackmus ist wie das Violett des Rotkohls ein pflanzlicher Farbstoff, der sich je nach pH-Wert verfärbt.

Hortensien und Kupferdraht

Kennst du Hortensien? Das sind jene Sträucher, die meist rote oder blaue, kugelige Blüten tragen. Man kann sie als kleine Topfpflanzen kaufen und später in den Garten setzen. Aber gerade die blauen Hortensien verlieren, wenn sie mehrere Monate im Kübel gewachsen sind, oft ihre Farbe und bekommen ganz blasse Blüten. Diesen Blumen kannst du mit einem einfachen Trick helfen, wie dir der folgende Versuch zeigen wird.

Material:
1 kleines Stück blankes Kupferrohr, Kupferdraht oder
1 großer Kupfernagel
1 Stahlfeile
eine Schere, Blumenerde
ANMERKUNG: Falls du einen Chemiebaukasten besitzt, schau nach, ob er Kupfersulfat-Lösung enthält. Wenn ja, kannst du damit noch einen zusätzlichen Versuch machen!

Durchführung:
Nimm das Rohrstück, und feile davon eine kleine Menge Späne ab. Mische diese mit ein bisschen Blumenerde. Alternativ kannst du auch den Kupferdraht klein schneiden und mit der Erde vermengen. Lege jetzt vorsichtig einen Teil der Wurzeln der verblassten Hortensie frei (achte dabei besonders darauf, die feinen Wurzelhärchen nicht zu beschädigen), und verteile dort die Erde mit den Kupferspänen. Als weitere Möglichkeit kannst du auch einen dicken Kupfernagel mit

der Feile anrauen und in die Nähe der Wurzel stecken. Fülle dann das Loch wieder mit Blumenerde, und gieße die Hortensie sofort und danach alle drei Tage mit Wasser. Schau nach ein bis zwei Wochen, was mit der Pflanze passiert ist (der Versuch ist leider etwas zeitaufwändig).

Ergebnis:

Die Blüten der Hortensien dürften zusehends blauer werden. Was den Pflanzen gefehlt hat, war nämlich Kupfer. Kupfer ist für sie ein wichtiges Spurenelement, das sie als wesentlichen Bestandteil ihres Blütenfarbstoffs (wieder Anthocyan) benötigen – genauso, wie du andere Spurenelemente (z. B. Eisen und Zink) für das Funktionieren deines Organismus benötigst. Das metallische Kupfer geht nach und nach im Boden in Lösung, wird von den Wurzelhaaren zusammen mit dem Wasser aufgenommen, gelangt zu den Blüten und wird dort in die Anthocyane eingebaut.

Du kannst übrigens auch eine einfache „Kupfer-Pflanzenkur" herstellen, indem du ein oder zwei Tropfen Kupfersulfatlösung in einem Glas mit Wasser verdünnst und die Hortensie damit gießt.

Wusstest du übrigens schon, dass ...?

... Anthocyane – chemisch betrachtet – so genannte Komplex-Verbindungen sind? Bei diesen ist ein großes Molekül um ein zentrales Atom (meist ein Metall) angeordnet. In der Natur spielen solche Komplexverbindungen eine enorm wichtige Rolle: Chlorophyll, das Blattgrün der

Pflanzen, ohne das es keine Fotosynthese gäbe, gehört genauso dazu wie Hämoglobin, der Blutfarbstoff von Menschen und anderen Wirbeltieren, der zum Atmen notwendig ist. Chlorophyll benötigt übrigens als Zentralatom Magnesium, während Hämoglobin auf Eisen aufgebaut ist. Es gibt allerdings auch Tiere, z. B. Krebse und Insekten, die einen kupferhaltigen Blutfarbstoff besitzen, der als *Hämocyanin* bezeichnet wird. Dass manche Lebewesen auf Kupfer angewiesen sind, überrascht insofern, als dieses Metall in bestimmten Verbindungen sehr giftig ist (z. B. als grünes Kupferoxid). Aus diesem Grund hat die Behandlung deiner Hortensien mit der Kupferbrühe noch eine gute Nebenwirkung: Schädliche Pilze, deren Sporen in der Blumenerde vorkommen, werden durch sie vernichtet. In Frankreich spritzen Winzer ihre Reben ebenfalls mit einer Kupferlösung, um sie vor Schimmelpilzen zu schützen.

Reines Kupfer findet man übrigens selten in der Natur, meist tritt es in Form von Mischerzen oder mineralischen Verbindungen wie Chalkopyrit, Cuprit oder dem hübschen Malachit auf. Dass Kupfer das Bestreben hat, sich zu verbinden, kannst du leicht in einem anderen Versuch nachweisen. Dazu benötigst du allerdings fertige Kupfersulfatlösung (aus dem Chemiebaukasten) sowie etwas Salmiakgeist. Wenn du in die intensiv hellblau-grünliche Kupfersulfatlösung einige Tropfen Salmiakgeist gibst, bildet sich sofort ein satt-dunkelblauer Komplex. Dies ist eine Verbindung aus Kupfer und dem im Salmiakgeist enthaltenen Ammoniak.

Geheimtinte – selbst gemacht

Ohne viel Geld kannst du dir selbst eine unsichtbare Tinte zusammenmischen, um deinen Freunden und Freundinnen geheime Botschaften zukommen zu lassen. Du solltest ihnen allerdings vorher mitteilen, wie sie die Geheimtinte sichtbar machen können – sonst bleiben sie ein Geheimnis!

Material:
1–2 große Vogelfedern (Gänsefedern sind am besten)
1 alter Füller (ohne Tintenpatronen!)
1 große Zitrone
1 Eierbecher oder 1 kleines Glas
1 Zitronenpresse
1 Schnapsglas voll klarem Essig
1 Kerze
Papier

Durchführung:
Press die Zitrone aus, und füll den Saft in das leere Schnapsglas. Nun tunke einen Federkiel hinein und beschreibe mit der Flüssigkeit ein Blatt Papier. Nach dem Trocknen ist erst mal nichts erkennbar. In gleicher Weise kannst du auch Essig als Tinte verwenden. Wenn du magst, tauche anstelle der Feder deinen alten Füller in die Geheimtinte und schreib damit. Was passiert, wenn du das Blatt mit der getrockneten Schrift über einer Kerze erwärmst?

Ergebnis:
Du kannst deine geheime Botschaft plötzlich lesen! Zitronensaft und Essig enthalten Säuren, welche die Zellulose, den Hauptbestandteil des Papiers, chemisch verändern. Dadurch brennt Papier, das mit einer dieser Flüssigkeiten in Berührung gekommen ist, bereits bei niedrigeren Temperaturen als gewöhnlich, sodass die Wärme der Kerze ausreicht, um es anzusengen. Deine Geheimschrift hat sich also sozusagen ins Papier „gebrannt".

Wusstest du übrigens schon, dass ...?

... die erste Tinte aus den Tintensäcken von Tintenfischen gewonnen wurde? Deshalb heißt ein bestimmter, blasser Schwarzton auch heute noch Sepia – das ist nämlich der wissenschaftliche Name eines Tintenfischs. Diese Meeresweichtiere stoßen bei Gefahr ihre Tinte aus, sodass ein Angreifer nichts mehr sehen kann, während sich der Tintenfisch in Sicherheit bringt. Echte Sepiatinte verblasst unter Sonnenlicht ziemlich schnell. Zu den Anforderungen an eine gute Tinte gehört jedoch, dass sie lange hält und dass die Schrift nicht ausbleicht. Daher muss sie Chemikalien enthalten, die intensiv mit dem Papier reagieren. Solche Substanzen sind beispielsweise Gerbsäuren, und daher hat man lange Zeit Tinte aus gemahlenem Eisen und Galläpfeln hergestellt. Diese so genannte Eisengallus Tinte enthielt sehr viel Gerbsäure. Sie war übrigens so lichtbeständig, dass Staatsmänner wichtige internationale Verträge nur mit ihr im Füller unterschrieben haben. Blaue und schwarze Tinten, wie du sie heute in der Schule verwendest, werden aus lichtbeständigen, synthetischen Farbstoffen wie Methylenblau, Tartrazin, Ponceau, Säureblau und Säureschwarz hergestellt; die chemische Grundlage für die rote Tinte im Füller deiner Lehrer hingegen ist das Eosin.

Abziehbilder im Eigenbau

Schon mal daran gedacht, dir höchstpersönlich ein cooles Abziehbild von deinem Lieblings-Popstar oder -Fußballstürmer zu machen? Im Prinzip ist das keine große Sache – wie du im nächsten Versuch sehen wirst.

Material:
1 Zeitschrift mit bunten Bildern als Vorlage
1 Blatt Schreibpapier
Terpentin (keinen Nitro-Verdünner nehmen!)
Spülmittel (keinen Essigreiniger nehmen!)
1 Schwamm
1 Glas
1 Kamm
1 Löffel
Klebstoff, Pappe, Wasser
ANMERKUNG: Da Terpentindämpfe sehr unangenehm riechen, solltest du diesen Versuch in der Küche bei geöffnetem Fenster durchführen.

Durchführung:
Mische mit einem Esslöffel in deinem Glas ein Teil Terpentin mit einem Teil Spüli und zwei Teilen Wasser.

Verrühre das Ganze, und tränke den Schwamm damit. Dann betupfe deine Bildvorlage mit der Terpentin-Spülmittel-Mischung. Anschließend legst du das saubere Blatt Papier oben drauf und reibst mit der glatten Rückseite des Kamms kräftig darüber. Was stellst du fest, wenn du das Blatt abziehst?

Ergebnis:
Du hast jetzt auf deinem Papier eine (seitenverkehrte) Kopie des Originals. Wenn sie getrocknet ist, kannst du sie mit Klebstoff auf die Pappe aufziehen und als Poster aufhängen.

Terpentin und Spülmittel enthalten Substanzen, die vor allem mit wasserunlöslichen Stoffen reagieren. Dein Gemisch hat die Druckfarben, die in den meisten Zeitungen verwendet werden, wieder aufgelöst, sodass du damit ein Abziehbild herstellen konntest. Bei bestimmten teuren Hochglanz-Illustrierten klappt dieses Kopierverfahren leider nicht, da die Bilder mit einem schwer löslichen Speziallack behandelt werden.

Silberputzen leicht gemacht

Wer jemals versucht hat, mit einem richtigen Silberlöffel sein Frühstücksei zu essen, wird es wohl nie wieder tun: Der Löffel läuft blitzschnell schwarz an, und das Ei schmeckt bitter. Was ist passiert? Die Silberbestandteile (Silberionen) auf der Oberfläche des Löffels reagieren mit einer bestimmten schwefelhaltigen Komponente des Hühnereis, nämlich mit dem gasförmigen Schwefelwasserstoff (chemisch abgekürzt H_2S), der beim Kochen entsteht. Dabei bildet sich sehr schnell Silbersulfid (Ag_2S), das als schwarzer Belag ausfällt.

Schwefelwasserstoff ist auch immer in gewissen Mengen in der Luft enthalten. Er bildet sich, wenn Eiweiß von Bakterien zersetzt wird – das gibt dann den typischen Geruch nach faulen Eiern. Weil also dieses Gas generell in der Luft vorkommt, laufen Gegenstände aus Silber nach einiger Zeit schwarz an. Damit silberne Kerzenleuchter, Teller und Silberbesteck wieder ihren alten Glanz bekommen, muss man den schwarzen Belag mit einem speziellen Silberputzmittel entfernen. Das folgende Experiment zeigt dir, dass du aber auch ohne teure, stinkende Silberputzlösung Silberlöffel reinigen kannst.

Material:
1 Suppenteller oder 1 flache Glasschale
1 echter, angelaufener Silberlöffel
1 Stück Aluminiumfolie
1 Teelöffel Kochsalz (kein Jodsalz)
warmes Wasser

Durchführung:
Lege den Teller mit der Alufolie aus. Schütte das warme Wasser hinein, bis er zur Hälfte gefüllt ist; die Folie muss mit Wasser bedeckt sein. Nun gib das Salz hinein und rühre vorsichtig um, bis es sich aufgelöst hat. Dann legst du den Silberlöffel (eine silberne Kuchengabel tut es auch) ins Wasser und wartest fünf bis zehn Minuten ab. Was passiert?

Ergebnis:

Die dunklen Stellen auf dem Löffel verschwinden nach und nach, kleine Bläschen steigen auf, und es stinkt etwas nach faulen Eiern. Bei diesem Versuch hast du dir ein einfaches so genanntes galvanisches Element gebaut – und damit ein Prinzip genutzt, nach dem auch alle Batterien funktionieren. Durch das warme Kochsalzwasser hast du nämlich sozusagen eine „Mini-Autobatterie" hergestellt, und genau wie bei dieser gibt es auch hier einen Plus- und einen Minuspol. Ein ganz schwacher elektrischer Strom fließt zwischen den beiden Polen; das heißt, die negativ geladenen Elektronen wandern zum Pluspol. Der Löffel ist dabei aufgrund der Eigenschaften des Silbers der Pluspol, die Alufolie der Minuspol. Durch die Elektronenwanderung wird aus den Silberionen wieder metallisches Silber, die Schwefelionen werden dabei frei und verbinden sich mit Bestandteilen des Wassers zu H_2S (daher der leichte Geruch nach faulen Eiern). Ruck, zuck ist dein Löffel wieder blank!

Wusstest du übrigens schon, dass ...?

... du generell keine Lebensmittel mit Besteck aus reinem Silber essen solltest? Der Grund dafür ist die äußerst schnell verlaufende Reaktion des Schwefelwasserstoffs in der Luft mit den Silberionen. Schwefelwasserstoff ist nämlich – allerdings vor allem in großen Mengen – für die meisten Lebewesen hochgiftig, da das Gas bestimmte Bestandteile ihres Stoffwechsels stilllegt. Erstaunlicherweise gibt es in der Tiefsee einige Tiere, zum Beispiel bestimmte Krabben, Muscheln und einige sehr merkwürdige, in Röhren lebende Würmer, die auch bei sehr hohen H_2S-Konzentrationen putzmunter bleiben. Sie alle leben in unmittelbarer Nähe von so genannten *Tiefseeschloten*, die ins Erdinnere führen und aus denen H_2S in großen Mengen ins Meerwasser ausgestoßen wird. Der Trick dieser „Tiefseebewohner" ist, dass in ihrem Körper spezielle Bakterien leben, die den Schwefelwasserstoff unschädlich machen. Ohne diese so genannten *Symbionten* oder „Mitbewohner", die wohl noch aus einer Zeit stammen, als die Erdatmosphäre sehr viel mehr H_2S enthielt als heute, würden die Anrainer der Tiefseeschlote genauso an H_2S-Vergiftung sterben wie Landtiere.

Die Kartoffeluhr

Eine Zeit lang war es Mode, digitale Uhren zu verschenken, die von Kartoffeln, Tomaten oder Äpfeln betrieben wurden. Strom erzeugendes Obst und Gemüse? Nun, dieser Trick funktioniert ähnlich wie der im vorigen Experiment, weil wir es hier wieder mit einem galvanischen Element zu tun haben.

Material:
1 Kartoffel
1 Stück Kupferdraht oder 1 Kupferstift
1 Stück Zinkdraht oder 1 Zinkstift
1 Kopfhörer (von deinem Walkman)
ANMERKUNG: Du kannst anstelle der Kartoffel auch eine Tomate, einen Apfel oder eine Birne nehmen.

Durchführung:
Stecke den Kupfer- und den Zinkdraht (bzw. die Stifte) in die Kartoffel. Warte kurz, setz dann den Kopfhörer auf, und halte seinen Stecker so, dass er beide Drahtenden berührt. Was passiert?

Ergebnis:
Du wirst ein schwaches Knacken vernehmen – das ist ein Hinweis darauf, dass hier ein schwacher Strom fließt. Die „pflanzliche Batterie", die du gebaut hast, erklärt sich recht einfach: Die Kartoffel stellt die erforderlichen Salze zur Verfügung, und die beiden Drähte bilden die Pole des Systems. Aufgrund der unterschiedlichen elektrischen Eigenschaften von Kupfer und Zink (Kupfer ist edler und damit leichter oxidierbar als Zink, weshalb der Kupferdraht den Pluspol bildet, das Zink hingegen den Minuspol) kommt es dazu, dass ein – wenn auch schwacher – Strom fließt.

Wusstest du übrigens schon, dass ...?

... die Spannung in einer Batterie – wie in unserem Versuch – immer von der Differenz der „Oxidierbarkeit" (das heißt: vom Elektrodenpotenzial) zweier in ihr verwendeter Substanzen abhängt? Früher waren „Blei-Akkus" sehr beliebt, während als kleinere Batterien auch heute noch gerne Nickel-Cadmium-Elemente verwendet werden. Aus Umweltschutzgründen hat jedoch inzwischen die Produktion schwermetallhaltiger Batterien abgenommen. Besonders leistungsstark sind Batterien, die aus Lithium-Kupfer-Elementen bestehen.

Batterien und andere galvanische Elemente verdanken ihre Entwicklung – und ihren Namen – dem Italiener Luigi Galvani, einem berühmten Arzt aus Bologna (1737-1798). Er experimentierte mit Froschmuskeln und stellte fest, dass diese (obwohl die Frösche tot waren) zuckten, wenn er sie mit zwei unterschiedlichen, miteinander verbundenen Metallstäben berührte. Auf Galvani gehen auch erste Erkenntnisse über die elektrochemische Natur der Reizleitung zwischen Nerven und Muskulatur zurück.

Nachweis von Kohlendioxid (CO_2)

Gasförmiges Kohlendioxid (CO_2) macht zwar in der Gesamtatmosphäre nur einen geringen Prozentsatz aus (0,02 Prozent), spielt aber ansonsten bei vielen Prozessen auf der Erde eine bedeutende Rolle. CO_2 bildet zusammen mit zahlreichen Mineralien Gesteine, die so genannten Karbonate; es dient aber auch den Pflanzen bei der Fotosynthese als Baustein für die Neubildung von Zuckern. Während der Verbrennung von kohlenstoffhaltigen Substanzen an der Luft (z. B. beim Brennen einer Kerze) verbinden sich Kohlenstoff und Sauerstoff ebenfalls zum gasförmigen Kohlendioxid. Da die Atmung von Tieren, Pflanzen und sonstigen Lebewesen im Grunde genommen ebenfalls eine Art „Verbrennung" (zum Zweck der Gewinnung von Energie im Körper) ist, enthält die Atemluft als „Endprodukt" dieses Vorgangs ebenfalls Kohlendioxid. Durch folgende einfache chemische Reaktion kannst du dieses normalerweise sehr flüchtige Gas problemlos nachweisen.

Material:
1 Teelöffel Calciumhydroxid, abgekürzt Ca(OH)$_2$
1 Glas heißes Wasser
1 Kaffeefilter aus Plastik oder Porzellan mit
passendem Filterpapier
1 Glas Mineralwasser (kohlensäurehaltig!)
1 Marmeladenglas
1 Trinkhalm
Spülhandschuhe, eine Taucherbrille (falls du kein
Brillenträger bist), ein Teelöffel
ANMERKUNG: Calciumhydroxid, auch unter der Be-
zeichnung Löschkalk bekannt, erhältst du in Apotheken oder im Chemiefachhandel; vielleicht kannst du
auch deinen Chemielehrer danach fragen. Den Nachweis kannst du übrigens auch mit Bariumhydroxid –
chemische Formel: Ba(OH)$_2$ – durchführen. Diesen
Stoff bekommst du dort, wo es auch das Ca(OH)$_2$ gibt.
Aber Vorsicht: Beide Verbindungen sind ätzend! Also
nur mit Handschuhen anfassen!

Durchführung:
Grundsätzlich solltest du dir angewöhnen, beim Hantieren mit ätzenden Substanzen Gummihandschuhe
und eine Schutzbrille (oder eine Taucherbrille) zu tragen. Also bitte auch in diesem Fall! Zuerst stellst du dir
Kalkwasser her. Löse dazu einen Teelöffel Ca(OH)$_2$ in
einem Glas heißen Wassers auf. Setz das Filterpapier in
den Filter, und filtriere deine Lösung, das fertige Kalkwasser, in das Marmeladenglas ab. Gieße dann einen
Teil der klaren Flüssigkeit in das Glas mit dem Mineralwasser. Was passiert? Tauche anschließend den Trink-

halm ein und puste vorsichtig. (Brille nicht vergessen!) Was geschieht nun?

Ergebnis:
Wenn das CO_2 (im Sprudel) mit Kalkwasser – also der von dir hergestellten, wässrigen $Ca(OH)_2$-Lösung (oder mit Barytwasser, der wässrigen Lösung von $Ba(OH)_2$) – in Berührung kommt, wird die zunächst klare Lösung trübe, weil ein unlöslicher Karbonatniederschlag entsteht. Die dazu passende Reaktionsgleichung sieht folgendermaßen aus:

Gleichung 1: $Ca(OH)_2 + CO_2 \Rightarrow CACO_3 + H_2O$

Pustest du nun in diese Lösung, dann fügst du mit deiner Atemluft noch mehr Kohlendioxid hinzu. Daraufhin wird die Lösung mit CO_2 übersättigt, es entsteht lösliches Hydrogenkarbonat oder Bicarbonat ($Ca(HCO_3)_2$) und die Lösung wird wieder klar.

Obwohl gerade der letzte Schritt sehr unlogisch klingt, musst du bedenken, dass die meisten chemischen Reaktionen im Gleichgewicht ablaufen – die beiden Seiten der Reaktionsgleichung sind dann wie zwei Waagschalen, die sich im Lot befinden. (Schau dir dazu noch mal die Gleichung 1 an.) Dieses Gleichgewicht kann sich verschieben, wenn in der einen „Waagschale" Reaktionsteilnehmer wegfallen (z. B. Gase, die aufsteigen, oder Niederschläge, die ausfallen) oder hinzukommen (z. B. durch eine übersättigte Lösung). In der Gleichung 1 zeigt der Pfeil nach rechts, denn da das Karbonat ($CaCO_3$) aus- und somit wegfällt, wird die

linke Waagschale leichter. Im Gegenzug „versucht" die rechte Seite automatisch, das Lot wiederherzustellen, und setzt daher alle Reaktionspartner um. Beim Einleiten von überschüssigem CO_2 auf die rechte Seite von Gleichung 1 geschieht nun Folgendes:

GLEICHUNG 2: $CaCO_3 + CO_2 + H_2O \leftrightarrow Ca(HCO_3)_2$

Das eigentlich unlösliche Karbonat spaltet sich (steht also wieder zur Verfügung), um erneut ein Gleichgewicht herzustellen, die ursprünglich linke Waagschale wird sozusagen wieder „schwerer". Kompliziert, was? Der Pfeil, der in beide Richtungen weist, deutet übrigens darauf hin, dass dieser Vorgang umkehrbar (reversibel) ist.

Wusstest du übrigens schon, dass ...?

... Kohlendioxid sehr viele komplizierte Eigenschaften hat? Es löst sich nur teilweise in Wasser (als Kohlensäure), aus dem es sich dann selbst bei geringen Temperaturen rasch wieder verflüchtigt. Außerdem fällt es leicht als schwer lösliches Karbonat aus. Das Bikarbonat, das du gerade kennen gelernt hast, besitzt wiederum eine stark säurepuffernde Wirkung und wird deswegen gerne als Hausmittel gegen Sodbrennen verabreicht. Auch im Blut spielt es eine wichtige säureregulierende Rolle.

Der Kullerpfirsich

Ein lustiges Partygetränk ist der so genannte Kullerpfirsich: Ein Pfirsich wird in ein Glas Mineralwasser gegeben. Sofort beginnt er, sich wie aus eigener Kraft schäumend und perlend ständig um die eigene Achse zu drehen. Dieses Prinzip wollen wir hier einmal an Heidelbeeren oder Stachelbeeren ausprobieren.

Material:
1 Hand voll Heidelbeeren
1 großes Wasserglas
1 Flasche Mineralwasser
etwas Natronpulver

Durchführung:
Fülle das Glas mit Mineralwasser, und leg einige Heidelbeeren hinein. Was passiert? Und was geschieht, wenn du eine Messerspitze Natron dazugibst?

Ergebnis:
Zunächst sinken die Beeren durch das bläschenhaltige Wasser zum Boden des Glases, doch dann beginnen sie sich zu drehen und kugeln auf und ab. Wenn du etwas Natron hinzugibst, wird das Wasser noch stärker schäumen, und die Tanzbewegung der Beeren wird noch heftiger. Das perlig aufsteigende Gas ist Kohlendioxid, das sich mit Wasser teilweise zu Kohlensäure verbindet. Kohlensäure ist jedoch nur unter hohem Druck beständig; bei normalem Druck und Raumtemperatur aber zerfällt sie sofort wieder in ihre beiden Bestandteile.

Weil dabei CO_2 aus der Lösung austritt, sprudelt das Mineralwasser stets ein bisschen. CO_2 sammelt sich nun an der Oberfläche der Beeren, sodass ihr Auftrieb zunimmt und sie zur Oberfläche aufsteigen. Dort zerfallen die Bläschen, das Gas wird freigesetzt, die Beeren werden wieder schwerer und sinken zu Boden, wo dann alles von vorne beginnt.

Aus dem zugegebenen Natron (chemisch genauer müsste man Natrium-Hydrogenkarbonat sagen) wird weiteres Kohlendioxid freigesetzt, das im Mineralwasser kräftig sprudelt und es zusätzlich aufschäumen lässt.

Wusstest du übrigens schon, dass ...?

... es heute in vielen Haushalten Mineralwasser-Bereiter gibt, die durch Begasung mit Kohlendioxid aus Leitungswasser Sprudel machen? Durch die Beifügung bestimmter Geschmackszusätze kann man daraus dann sogar Limonade, Cola und Tonic-Water herstellen. Allerdings wird in der Betriebsanleitung immer darauf hingewiesen, dass man diese Zutaten erst nach der Begasung hineingeben darf. Der Grund dafür ist recht einfach: Meist enthalten die Zusätze Zucker und Säuren (z. B. Zitronensäure), welche die Löslichkeit der Kohlensäure erschweren. Dadurch kann der Druck in der Flasche unter Umständen so stark ansteigen, dass einem die ganze Apparatur um die Ohren fliegt!

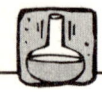

Kohlendioxid und die Hundegrotte

Kohlendioxid ist ein relativ schweres Gas und sammelt sich in hohen Konzentrationen manchmal sogar zu richtigen „CO_2-Pfützen" an. In dieser Form kann man daran ersticken – ein Beispiel dafür ist die berühmte Hundegrotte von Neapel, wo es zahlreiche Kohlendioxidseen gibt, die für kleine Hunde mit kurzen Beinen recht gefährlich werden können. Die Menschen, die durch diese Gasansammlungen waten, merken gar nicht, dass ihre vierbeinigen Freunde keine Luft mehr bekommen. Die erstickenden Eigenschaften von CO_2 zeigt dir auch der folgende Versuch.

Material:
2 Wassergläser
1 Teelicht
1 Teelöffel Natron
1 Teelöffel klarer Essig (oder verdünnte Essigessenz)
Streichhölzer

Durchführung:
Setze das Teelicht in eines der Gläser, und zünde es an. Gib dann das Natronpulver in das andere Glas, und schütte vorsichtig den Essig darüber. Das Natron löst sich unter Schäumen auf. Was passiert, wenn du das zweite Glas nun behutsam über das Teelicht neigst?

Ergebnis:
Die Flamme wird ausgehen. Die sauren Bestandteile des Essigs haben Kohlendioxid aus dem Natron freige-

setzt. Weil dieses schwerer ist als die Luft im Glas, fließt es über den Rand in das untere Glas mit dem brennenden Teelicht, wo es dann die Flamme erstickt.

Wusstest du übrigens schon, dass ...?

... moderne Feuerlöscher ebenfalls oft Kohlendioxide enthalten, da dieses Gas nicht brennt (wie dieser Versuch ebenfalls gezeigt hat)? Bei einem Brand wird das CO_2 auf die Flammen gesprüht, die es dann abdeckt, da es ja schwerer ist als die übrigen Bestandteile der Luft. So schneidet es dem Feuer buchstäblich die Luft ab.

In Bergwerken sind übrigens nicht nur Kohlendioxidpfützen (wie die in der Hundegrotte) sehr gefürchtet, sondern auch andere gefährliche Gase wie z. B. Kohlenmonoxid. In früheren Zeiten nahmen die Bergarbeiter so genannte Grubenhunde oder auch Kanarienvögel mit in die Grube. Wenn diese Tiere plötzlich umfielen, war das ein sicheres Zeichen dafür, dass sich an dieser Stelle eine größere Menge eines giftigen Gases angesammelt hatte.

Entkalkung im Schongang

Was hat eigentlich Verkalkung mit Kohlendioxid zu tun? Sehr viel, denn Kalk ist chemisch nichts anderes als Kalziumkarbonat (kurz $CaCO_3$) – und wenn du dich noch an den Nachweis von CO_2 erinnerst (siehe Seite 180), so tauchte genau diese Formel in unserer Reaktionsgleichung auf. Karbonate reagieren leicht mit Essig, wie der vorige Versuch „Kohlendioxid und die

Hundegrotte" (siehe Seite 186) gezeigt hat. Sie spalten sich dann in CO_2 und Wasser auf. Im folgenden Versuch wollen wir einmal die Wirkung von Essigreiniger testen.

Material:
1 Muschelschale oder 1 Schneckenhaus
1 Sieb aus einem gebrauchten Perlator (Das ist die kleine, abschraubbare Düse am Wasserhahn)
4 Esslöffel Essigessenz
2 Gläser
Wasser
ANMERKUNG: Am besten nimmst du ein altes, verkrustetes Siebchen.

Durchführung:
Fülle die beiden Gläser halb mit Wasser. Gieß nun zwei Esslöffel Essigessenz in jedes Glas. (Achtung: Essigessenz ist eine Säure! Generell soll man nie Wasser in eine Säure gießen, sondern stets umgekehrt die Säure ins Wasser, da Säuren mitunter sehr heftig mit Wasser reagieren!) Anschließend legst du die Muschelschale in das eine und das Sieb in das andere Glas. Lass beides über Nacht stehen. Was wird passieren?

Ergebnis:
Recht bald schon werden Gasblasen aus dem Wasser perlen. Hierbei handelt es sich um Kohlendioxid, das aus dem Kalk freigesetzt wird. Die Muschel wird sich am anderen Morgen stark zersetzt haben, die Ablagerungen am Sieb sind verschwunden.

Wusstest du übrigens schon, dass ...?

... manche Karbonate auch für die Güte des Leitungswassers sehr wichtig sind? Kalziumhydrogenkarbonat ($Ca(HCO_3)_2$) macht z. B. die so genannte vorübergehende oder temporäre Härte des Wassers aus. Schon bei geringer Temperaturerhöhung entweicht jedoch CO_2, und das Wasser (H_2O) verdunstet. Zurück bleibt Kalziumcarbonat ($CaCO_3$), das für die Kalkablagerungen verantwortlich ist. Daher treten Verkalkungen überall dort auf, wo Wasser erhitzt wird – im Warmwasserboiler, im Eierkocher, in der Wasch- und in der Spülmaschine. Kalkablagerungen in Wasserkesseln werden als Kesselstein bezeichnet. Auch der Mörtel im Mauerwerk, der abbindet, und die wunderschönen Stalagmiten und Stalaktiten in Tropfsteinhöhlen sind nichts anderes als Kalziumhydrogenkarbonat, aus dem CO_2 und Wasser entwichen sind. Um Verkalkungen zu vermeiden, werden manche Geräte mit destilliertem, also kalziumfreiem Wasser betrieben, z. B. Dampfbügeleisen, deren Düsen sonst verstopfen. Die jeweilige Härte des Wassers ist auch dafür verantwortlich, dass Seifen unterschiedlich stark schäumen: Hartes Wasser liefert kaum Schaum, weiches hingegen viel.

Dass Karbonate sehr leicht von Säuren zersetzt werden können, hat dir dieser Versuch gezeigt. Daher dürfen Marmorböden, die ebenfalls aus Karbonaten bestehen, niemals mit Säuren oder säurehaltigen Pflegemitteln wie Zitronen- oder Essigreiniger behandelt werden. Auch Kalkflecken auf Fliesenböden, die sich beispielsweise durch Blumenwasser gebildet haben, sollten niemals mit säurehaltigen Putzmitteln entfernt werden – die Zementfugen, die ebenfalls Karbonat enthalten, können sich sonst auflösen!

Viele Tiere wie beispielsweise Muscheln, Schnecken und Korallen schützen und stützen ihren Körper durch eine äußere Kalkschale. Auch die Knochen von Menschen und anderen Wirbeltieren enthalten Kalziumverbindungen.

Überraschungen aus der Biologie

 Die Kirschen im Regen

Im Sommer, wenn die Süßkirschen reif werden, sind starke Regenfälle bei den Obstbauern genauso gefürchtet wie ein Schwarm Stare – denn nach längerem Regen platzen die reifen Kirschen auf und büßen so an Qualität ein. Im folgenden Experiment wollen wir diesem Phänomen einmal auf den Grund gehen.

Material:
2 Glasschalen
4–6 Süßkirschen
3 Esslöffel Zucker
Wasser

Durchführung:
Fülle beide Schalen mit Wasser. Dann gib in eine den Zucker, und rühr so lange um, bis er sich aufgelöst hat. Leg in beide Gefäße ein paar Kirschen, und warte ab, was geschieht.

Ergebnis:
Die Früchte in der Schale mit dem Leitungswasser werden nach einiger Zeit aufplatzen. In der Schüssel mit der Zuckerlösung hingegen wird sich nichts tun. Der Grund für dieses unterschiedliche Verhalten ist die so genannte Osmose. Hierunter verstehen die Biologen eine Kraft, die bestrebt ist, den Unterschied zwischen zwei verschieden hohen Stoff-Konzentrationen durch den Austausch von Flüssigkeiten über eine halb durchlässige Membran auszugleichen. Im Innern der Kir-

schen befindet sich ein sehr zuckerhaltiger, dickflüssiger Saft, während in der ersten Schale nur „dünnes" Wasser völlig ohne Zucker vorliegt. Zuckersaft und Wasser sind durch die Haut der Kirsche (eine Membran) getrennt, die zwar Wasser durchlässt, Zuckermoleküle jedoch nicht – deshalb nennt man sie halb durchlässig. Auf beiden Seiten der Membran befinden sich also unterschiedlich hohe Stoffkonzentrationen. Zum Ausgleich dieses Konzentrationsungleichgewichts strömt nun Wasser von außen durch die Kirschhaut, um die Zuckerkonzentration im Innern der Frucht zu verdünnen. Dadurch schwillt diese an und platzt, wenn der Wasserdruck von innen auf die Kirschhaut zu groß geworden ist.

In der zweiten Schale platzen die Kirschen nicht, weil sowohl innen wie außen eine hohe Zuckerkonzentration vorliegt. Deshalb strömt genauso viel Wasser in die Kirsche wie aus ihr heraus. Wenn du die Zuckerkonzentration im Wasser noch weiter erhöhen würdest, begännen die Kirschen irgendwann zu schrumpeln, weil das Wasser nur noch aus ihnen herausgesogen würde. (Auf diese Weise werden übrigens kandierte Früchte hergestellt: Man legt Obst – z. B. Zitronenstücke, Kirschen oder Orangenscheiben – in dickflüssiges Zuckerwasser ein.)

Wusstest du übrigens schon, dass ...?

... Osmose die entscheidende Kraft ist, welche die Wasserversorgung der meisten Pflanzen sicherstellt?

Power-Erbsen

Sicherlich hast du schon einmal Risse im Asphalt gesehen, aus denen zarte Grashalme oder ein kleiner Löwenzahn vorsichtig emporwuchsen. Dabei hast du dich wahrscheinlich gefragt: „Wie haben es diese winzigen Pflänzchen nur geschafft, den steinharten Asphalt zu sprengen?" Die Antwort lautet auch hier wieder: durch Osmose. Im folgenden Experiment wirst du sehen, welche gewaltige Kraft sich dahinter verbirgt.

Material:
1 leere Spanholz- oder Pappdose (z. B. eine
Camembert-Dose)
1 Hand voll trockener Erbsen, Kichererbsen
oder Bohnen
1 Suppenteller
1 altes Gefäß zum Anrühren von Gips
1 alter Kochlöffel
Gips (findest du in der Werkstatt deiner Eltern
oder in Baumärkten)
Krepppapier, Wasser

Durchführung:
Verrühre den Gips in deinem ausrangierten Gefäß mit Wasser. Dann leg das Krepppapier über den Rand der Käseschachtel, und fülle sie zur Hälfte mit der Gipsmasse. Platziere nun die trockenen Hülsenfrüchte in einer Reihe auf dem Gips, schütte die restliche Masse darüber, und drücke sie fest. Lass den Gips richtig trocknen (am besten über Nacht).

Drücke den Gipsblock am nächsten Morgen aus der Form, und leg ihn in den Teller, den du zuvor mit warmem Wasser gefüllt hast. Was passiert?

Ergebnis:
Nach einiger Zeit wird der Gips aufspringen und in zwei Hälften zerfallen.

Das Wasser dringt nämlich durch den feinporigen Gips ein und fließt auch in die eingegipsten Hülsenfrüchte. Durch die dir bereits bekannte Osmose (siehe „Die Kirschen im Regen", Seite 192) schwellen diese stark an und sprengen schließlich den Gipsblock.

Wusstest du übrigens schon, dass ...?

... auch die Risse in der Asphaltdecke auf ähnliche Weise entstehen? Wasser wird über die Wurzelhaare von den Gräsern aufgenommen und gelangt per Osmose in die Sprossspitze. Dabei entstehen derartige Druckkräfte, dass sogar Marmor, Stein und Asphaltstraßenbeläge brechen können.

 ## Blumen selber färben

Im folgenden Versuch nutzt du wieder einmal unsere alte Bekannte, die Osmose, diesmal um Blumen und andere Pflanzen in besonderen Farbtönen leuchten zu lassen.

Material:
2 dünne Stängel Bleichsellerie (Staudensellerie;
wenn es keinen Bleichsellerie gibt, kannst du je nach
Jahreszeit 2 weiße Tulpen oder Nelken nehmen)
1 Tube rote Lebensmittelfarbe (oder rote Schreibtinte;
Lebensmittelfarben findest du übrigens in der
Backzutaten-Abteilung von Supermärkten)
1 Tube blaue Lebensmittelfarbe (oder blaue Schreibtinte)
2 hohe Marmeladen- oder Wassergläser
Wasser

Durchführung:
Füll die Gläser halb mit Wasser, und löse in jedem einen
guten Teelöffel Farbe auf, in einem die blaue, im anderen die rote. (Wenn du Tinte verwendest, nimm jeweils
nur einen halben Teelöffel.) Schneide die Sellerie-Stän-
gel unten schräg an, und setze jeweils einen in ein Glas.
Dasselbe kannst du auch mit den anderen Pflanzen
machen. Die weißen Tulpen solltest du ebenfalls schräg
kappen, die Nelken zusätzlich noch der Länge nach ein
bis zwei Zentimeter tief einschneiden.
Warte einige Stunden ab. Was passiert?

Ergebnis:
Die Farben beginnen, in den Pflanzen allmählich nach
oben zu wandern: Zuerst verfärben sich die Stängel, bei
den Blumen später dann auch die Blüten. Wenn du die
Stängel quer durchschneidest, kannst du im Innern des
Sellerie- und des Nelkenstängels kreisförmig angeordnet blaue beziehungsweise rote Punkte erkennen, wäh-

rend beim Tulpenstängel ähnliche bunte Punkte ring-förmig in seinem äußeren Bereich liegen. Hierbei handelt es sich um angefärbte Kanäle des Gefäßsystems der Pflanzen, durch die alle Abschnitte des pflanzlichen Organismus mit Wasser versorgt werden. Wie gelangt nun die Farbe in die Blüten? Im oberen Teil des Kanalsystems werden Wassermoleküle durch Poren nach außen abgegeben und verdunsten dort; infolge der zusammenhaltenden Kräfte zwischen den einzelnen Wassermolekülen (sie hängen wie Ketten aneinander) werden dabei andere emporgesogen – und zusammen mit diesen auch die gelöste Farbe. Die kann nicht verdunsten und lagert sich daher in den oberen Teilen der Pflanze (z. B. in der Blüte) ab.

Wusstest du übrigens schon, dass ...?

... du die oben erwähnten Röhrensysteme bei allen Landpflanzen findest? Sie dienen zur Wasserversorgung, aber auch zur Verteilung der gebildeten Nährstoffe. Sogar große Bäume versorgen sich auf diese Weise. Zum Schutz vor allzu starker Verdunstung haben manche Pflanzen auf der Oberfläche verdickte oder wasserundurchlässige Blätter. Die Poren, durch die das für Pflanzen lebenswichtige Kohlendioxid aufgenommen und entstandener Sauerstoff abgegeben werden, liegen dagegen häufig auf der Blattunterseite. Da auf breiten Flächen immer wesentlich mehr Wasser verdunstet als auf kleineren, besitzen manche Pflanzen als weiterer Schutzmechanismus gegen Austrocknung nur wenig Oberfläche, die von der Sonne bestrahlt werden kann – beispielsweise

jene Gewächse, die Stacheln anstelle von Blättern tragen. Solche Anpassungsmechanismen findest du besonders bei Pflanzen sehr trockener Standorte (z. B. in der Wüste). Gute Beispiele dafür sind Kakteen und Zedern, die dicke Nadeln anstelle von Blättern besitzen. Sie sind bestens an das heiße Klima ihrer Lebensräume angepasst.

Quellmänner

Sonnenstrahlen und Winde bewirken, dass Pflanzen einen Teil des in ihnen steckenden Wassers verlieren. Daher müssen sie stets Wasser „nachpumpen", um nicht zu welken. Die Saugkraft, die eine Pflanze dazu benötigt, ist enorm. Hier spielt wieder einmal die Osmose eine wichtige Rolle. Sie ist auch bei den folgenden Versuchen die entscheidende Kraft.

Material:
1 Sektschale
1 kleine Metallplatte oder 1 Blechteller
1 Tüte Trockenerbsen oder Kichererbsen
Wasser

Durchführung:
Fülle die Schale zu 3/4 mit Trockenerbsen. Schütte anschließend so viel Wasser hinzu, dass das Gefäß bis zum Rand gefüllt ist. Nun stell es auf die Metallplatte. Was passiert?

Ergebnis:
Die Erbsen beginnen anzuschwellen, und der „Erbsenpegel" im Glas wird immer höher, bis sie schließlich mit lautem Knall auf die Platte purzeln. Das Wasser im Glas ist durch ihre Wände gedrungen und hat die in den Erbsen vorhandene Stärke gelöst. Dadurch wurde wiederum die Konzentration im Erbseninnern erhöht – und also noch mehr Wasser nachgesogen. So sind die Trockenfrüchte aufgequollen und größer geworden. Dabei haben sie die Nachbarn verdrängt.

Was Stärke alles kann ...

Wie du vielleicht aus dem Biologieunterrricht weißt, brauchen Pflanzen keine „normale" Nahrung wie Menschen und Tiere, sondern sind Selbstversorger: Sie bilden mithilfe des Sonnenlichtes aus Wasser (das sie meist über die Wurzeln aufnehmen) und Kohlendioxid (das aus der Luft stammt) Zucker und Sauerstoff. (Diesen Vorgang nennt man Fotosynthese.)
Da es für viele Pflanzen aber aus Gründen der Osmose ungünstig ist, einfachen Zucker zu speichern (siehe auch das Osmose-Experiment mit den Kirschen, Seite 192), verarbeiten sie ihn meist zu großen Stärkemolekülen, die dann als Reserve für schlechte Zeiten dienen. Ein weiterer Grund, warum in manchen Pflanzen Stärke gebildet wird, ist der, dass ein höherer Stärkegehalt in der Pflanzenzelle auch einen geringeren Gehalt an Wasser mit sich bringt – und das wiederum bedeutet für Pflanzen in kälteren Gegenden eine Art Frostschutz:

Wenig Wasser in den Zellen = geringere Erfrierungsge-
fahr!

In Pflanzen eingelagerte Stärke lässt sich auf ganz einfache Weise nachweisen, wie der folgende Versuch
zeigt. (Die dabei anfallende Farbreaktion lässt sich
auch gut als Zaubertrick umsetzen!)

Material:
Jodtinktur (Die erhältst du in der Apotheke, du
musst sie allerdings erst verdünnen: Zu einem Teil
alkoholischer Jodtinktur gibst du 5 Teile Wasser)
1 Teelöffel Mehl
1 Teelöffel Zucker
1 Kartoffel
1 Küchenzwiebel
1 Banane
1 Birne
1 Küchenmesser
1 Pipette
2 Marmeladengläser mit Schraubdeckel
Wasser

Durchführung:
Fülle ein Marmeladenglas mit Wasser, und gib das
Mehl hinein; schraub dann den Deckel zu, und schüttel
es so lange, bis eine weißlich trübe Flüssigkeit entsteht.
(Chemiker nennen dieses Mehl-Wasser-Gemisch eine
Aufschlämmung.) Das andere Glas wird auch mit Was-
ser gefüllt. Du fügst den Zucker hinzu, verschließt es
und schüttelst es ebenfalls. Hier erhältst du eine klare
Zuckerlösung. Jetzt gib mit der Pipette jeweils ein paar

Tropfen der verdünnten Jodtinktur in jedes Glas. Was passiert?

Schneide nun Kartoffel, Banane, Birne und Zwiebel durch. Dann träufel mit der Pipette ebenfalls je ein bis zwei Tropfen der Jodlösung auf die frischen Schnittstellen. Was wird sich hier tun?

Ergebnis:

Die Mehl-Wasser-Aufschlämmung, die zuerst weißlich trüb war, verfärbt sich nach der Zugabe von Jod tiefblau-violett. Auch auf der Schnittfläche der Kartoffel siehst du intensiv blauviolette Flecken, genauso auf der Banane. Die klare Zuckerlösung hat bloß die bräunliche Farbe der Jodtinktur angenommen (natürlich ist sie etwas heller). Bei der halbierten Zwiebel und der Birne passiert ebenfalls nichts. Dies ist der Beweis dafür, dass Mehl, Bananen und Kartoffeln Stärke enthalten, Zwiebeln und Birnen jedoch nicht. In Zwiebeln befindet sich deshalb keine Stärke, weil sie reinen Zucker als Reserve speichern. Daher schmecken sie auch (trotz ihrer Schärfe) immer etwas süßlich. Birnen sind bekanntermaßen süß – denn auch sie lagern Zucker statt Stärke ein. Der mehlige Geschmack mancher Bananen beruht hingegen auf ihrem hohen Stärkeanteil. Unsere Tests mit der Zuckerlösung und der Mehl-Wasser-Aufschlämmung würde ein Chemiker als „Kontrollversuch" bezeichnen; so geht er sicher, dass die Jod-Stärke-Reaktion tatsächlich klappt. Wenn du willst, kannst du den Stärkenachweis auch an einem durchgeschnittenen Apfel oder an einer durchgeschnittenen Bohne erproben – was passiert?

Das verwendete Obst und Gemüse ist übrigens durch das Jod ungenießbar geworden, die Sachen müssen leider in den Mülleimer!

Wusstest du übrigens schon, dass ...?

... Haferflocken deshalb besonders schnell aufquellen, weil die Stärke der Haferpflanze eine spezielle Form besitzt? Mit einem guten Mikroskop könntest du erkennen, dass Haferstärke aus flachen, sechseckigen Plättchen besteht. Wenn diese mit Wasser in Berührung kommen, quellen sie in großer Geschwindigkeit – deshalb ist Haferschleim so rasch fertig.

Typisch geformte Stärkeplättchen findest du übrigens nicht nur bei Hafer, sondern auch bei manchen anderen Pflanzen: Weizenstärke besteht aus runden Plättchen, Kartoffelstärke hingegen aus runzligen Körnern, und Maisstärke erinnert an vieleckige Kristalle.

Bei strengem, langem Dauerfrost kann es passieren, dass Kartoffeln im Keller erfrieren. Wer so eine Kartoffel auf den Teller bekommt, wird sich wundern: Sie schmeckt ganz süß, und die erfrorene Stelle scheint zu glänzen! Durch den Frost wurde hier die Stärke zerstört und wieder in Zucker zurückgewandelt. Wo wir gerade bei der Kartoffel sind: Wer hausgemachten Kartoffelbrei zubereiten will, sollte dazu nie einen Handmixer benutzen! Durch das schnelle Schlagen wird die Kartoffelstärke nämlich glasig, und das Püree sieht dann nicht schön aus. Beim Pressen durch ein Sieb geschieht der Stärke hingegen nichts, der Brei kann unbeanstandet auf den Tisch – und sieht lecker aus!

Kohlendioxid für Pflanzen

Dass Pflanzen sich über die Fotosynthese selbst versorgen, haben wir in den letzten Versuchen gesehen. Feste Nahrung brauchen sie also nicht. Aber was passiert, wenn sie nicht genug oder gar kein CO_2 bekommen? Das Resultat siehst du im folgenden Experiment.

Material:
2 Blumentopf-Untersetzer oder 2 Untertassen
ein paar Pflanzensamen (Kresse, Erbsen, Sonnenblumen, Bohnen oder Ähnliches)
1 Gefrierbeutel
eine Sprühflasche (zum Blumengießen)
Watte, Wasser

Durchführung:
Bau dir zwei Keimschalen, indem du die Untersetzer (oder Untertassen) mit feuchter Watte auslegst. Säe nun die Samen darauf aus, stelle die Untersetzer an eine sonnige Stelle, und warte. Die Watte musst du mit der Sprühflasche immer gut feucht halten. Nach etwa zwei Tagen sprießen Keime hervor. Sobald sich die ersten Blätter gebildet haben, ziehst du den Gefrierbeutel über eine der beiden Keimschalen. Drücke die Luft aus dem Säckchen heraus, drehe es oben zusammen, und verschließe es fest. Was passiert?

Ergebnis:
Obwohl den Pflanzen auch im fest verschlossenen Plastikbeutel ausreichend Licht und Wasser zur Verfügung

stehen, gehen sie nach kurzer Zeit ein. Sie benötigen also einen Bestandteil der Luft, um weiter existieren zu können. Im Gegensatz zu Menschen und Tieren brauchen Pflanzen jedoch tagsüber keinen Sauerstoff, sondern Kohlendioxid. Sie bilden dieses Gas zwar nachts in geringem Maße selber, doch diese Mengen reichen nicht aus, um sie weiterwachsen zu lassen.

Wusstest du übrigens schon, dass ...?

... Tiere und Pflanzen sich in puncto Atmung prima ergänzen? In einem sehr alten Experiment wurden ein paar kleine Tiere sowie mehrere Pflanzen in ein gläsernes Terrarium gesetzt, das reichlich gut gewässerte Erde enthielt. Dieses wurde dann luftdicht abgeschlossen und an ein sonniges Plätzchen gestellt. Und siehe da, Tiere und Pflanzen fühlten sich ganz wohl und sahen durchaus nicht so aus, als ob sie gleich ersticken würden. In dieser hermetisch abgeschlossenen „Arche Noah" verbrauchen nämlich die Tiere den vorhandenen Sauerstoff und atmen im Gegenzug Kohlendioxid aus, das von den Pflanzen wieder zu Sauerstoff recycelt wurde.

Keimen im Labyrinth

Obwohl Pflanzen kein kompliziertes Sinneszellen-Gefüge besitzen, reagieren sie doch auf äußere Reize wie Sonnenlicht und Erdanziehungskraft. In den folgenden Versuchen kannst du das Wahrnehmungsvermögen von Pflanzen sehr gut selbst testen.

Material:

1 Schuhkarton mit Deckel

1 Pflanztöpfchen

1 mittelgroße, ausgekeimte Kartoffel

2 Pappstreifen

1 großes Einmachglas

6–8 frische Bohnenkerne (z. B. von Feuerbohnen, weißen oder dicken Bohnen)

eine Sprühflasche (zum Blumengießen)

Blumenerde, Wasser, Haushaltspapier, Watte, eine Schere, Klebeband

ANMERKUNG: Die Bohnenkerne, die du für diesen Versuch benötigst, müssen frisch geerntet oder ausgehülst sein. Keine Tiefkühlbohnen verwenden, damit klappt der Versuch nicht!

Kartoffeln kannst du keimen lassen, indem du sie eine Zeit lang in Lichtnähe lagerst. Anstelle der frischen Bohnenkerne kannst du im zweiten Versuch auch die gleiche Menge Radieschensämlinge oder vorgekeimte Linsen- oder Mungobohnensamen nehmen; du brauchst dann allerdings kein so großes Einmachglas zu verwenden. Radieschen-, Linsen- und Mungbohnensamen kannst du übrigens nach derselben Methode keimen lassen wie die Bohnen in dem Versuch „Kohlendioxid für Pflanzen" (Seite 203).

Durchführung:

EXPERIMENT 1: Schneide in ein Ende des Kartons ein großes, rundes Loch. Dann schneide die beiden Pappstreifen so zurecht, dass sie – versetzt – als Querwände in den Karton passen. Klebe sie so darin fest, dass jeweils

an einer Seite ein breiter Schlitz bestehen bleibt. Dein Pflanzenlabyrinth ist jetzt fertig – fehlt nur noch der Keimling! Fülle etwas Blumenerde in das Pflanztöpfchen, drücke die vorgekeimte Kartoffel hinein (der Keim sollte nach oben zeigen), und feuchte alles gut mit Wasser an. Dann stell dein Pflanztöpfchen auf die dem Loch gegenüberliegende Seite in die Kiste. Setze den Deckel auf den Karton, und stell diesen auf die Fensterbank. Was passiert?

EXPERIMENT 2: Fülle das Einmachglas mit Haushaltspapier und Watte, und feuchte beides gut an. Stecke die Bohnen nun so in das Glas, dass einige schräg liegen, andere waagrecht und ein paar senkrecht. Sie sollten gleichmäßig voneinander und nicht zu weit vom Glasrand entfernt sein. Stelle das Glas nun an eine sonnige Stelle, aber nicht ins direkte Sonnenlicht. Befeuchte Papier und Watte regelmäßig mithilfe der Sprühflasche; beides darf nicht trocken werden.

Nach einigen Tagen sprießen die Keime aus den Bohnen hervor: Eine kleine Wurzel wächst stets abwärts, während auf der gegenüberliegenden Bohnenseite ein Stängel herauskommt. Auf diesem bilden sich zarte Blättchen. Sobald die Stängel aus dem Glas herausragen, kannst du das Glas auf die Seite stellen. Was passiert?

Ergebnis:

EXPERIMENT 1: Nach einigen Tagen ist der Keim durch Labyrinth und Loch ins Freie gewachsen, wo der bisher bleiche Stängel innerhalb kurzer Zeit grün wird. Pflanzen besitzen lichtempfindliche Zellen, die auch auf

geringe Lichtmengen reagieren und die Pflanze veranlassen, möglichst rasch in diese entsprechende Richtung zu wachsen. Dieses Verhalten bezeichnen die Biologen als *Heliotropismus* oder als *Wachstum in Richtung Sonne.* Hierbei verbraucht die Pflanze ihre Speicherstoffe und bildet noch kein Blattgrün (Chlorophyll); deshalb sind solche im Dunkeln gebildeten Triebe blass. Erst bei direktem Kontakt mit dem Sonnenlicht wird Chlorophyll gebildet, und die Pflanze wird grün.

EXPERIMENT 2: Die Pflanzen werden sich innerhalb kürzester Zeit wieder so orientieren, dass die Wurzeln nach unten und der Spross mit den Blättern nach oben wachsen. Der Grund für dieses Wachstumsverhalten sind pflanzliche Hormone, die für die Anziehungskraft der Erde empfänglich sind und so stets für diese Wachstumsrichtungen von Wurzel und Spross sorgen – ein Phänomen, das der Biologe *Geotropismus* oder *Wachstum in Richtung Erdmitte* nennt. Aus diesem Grund wachsen Bäume und andere Pflanzen an Berghängen nie schräg, sondern stets gerade nach oben.

Wusstest du übrigens schon, dass ...?

... der Heliotropismus von Pflanzen z. B. beim Spargelanbau genutzt wird, um längere Spargelstangen zu bekommen? Weißer Spargel ist ja nichts anderes als ein lang gestreckter, blasser Keimling. Die Spargelbauern pflanzen ihn tief in erhöhte, gerade gezogene Sandhügel. Durch diesen Kniff lässt sich Spargel nicht nur bequemer ernten, er wird auch viel länger, weil er nach oben, in Richtung Sonne, drängt.

Hormone beeinflussen aber auch andere Wachstums-
schritte der Pflanzen: So unterdrückt ein Hormon, das in
der obersten Zelle des Sprosses gebildet wird, dass sich
Seitentriebe ausbilden. Das ist sehr sinnvoll: Auf diese
Weise kann eine junge Pflanze rasch in die Höhe schießen, wo es mehr Sonnenlicht gibt und sie folglich besser
gedeiht. Wenn aber die Spitze gekappt wird, fehlt das
unterdrückende Hormon, und die Seitentriebe können
wachsen. Das ist übrigens der Grund, warum ein Rasen
gemäht oder Hecken und Bäume beschnitten werden:
Anschließend werden sie dichter!

Pflanzliche Hormone steuern eine Vielfalt von Prozessen,
so sorgt beispielsweise das so genannte Ethylen oder
Ethan für das Reifen von Früchten. Diese Tatsache
erleichtert beispielsweise den Transport von Obst und
Gemüse, die über weite Strecken angeliefert werden und
oft nicht sehr stark gekühlt werden dürfen. Bananen werden zum Beispiel unreif gepflückt und in Kisten nach
Europa gebracht. Ein paar Tage vor der Ankunft im Hafen
werden sie dann mit Ethan behandelt. Dieses Gas
bewirkt, dass sie während des restlichen Transports nach-
reifen und verzehrfertig bei uns ankommen.

Topfpflanzen allein zu Haus

Wer viele Topfpflanzen in seinem Zimmer stehen hat,
bekommt vor allem im Sommer Probleme, die durstig-
gen Zimmergewächse regelmäßig mit Wasser zu versorgen – ganz zu schweigen von der Ferienzeit: Da
müssen dann unter Umständen die Nachbarn gebeten

werden, während des dreiwöchigen Urlaubs deiner Familie morgens und abends unzählige Töpfe mit Begonien, Papyrus, Ficus und Zimmerlilien zu gießen! Dabei besteht natürlich auch immer die Gefahr, dass freundliche Helfer – nach dem Motto „viel hilft viel" – gerade jene zarten Pflänzchen, die nur wenig Flüssigkeit benötigen, bis zum Topfrand unter Wasser setzen. Mit ein paar einfachen Tricks kannst du dir, deiner Familie und den Nachbarn eine Menge Arbeit ersparen und die Überlebenschancen deiner Pflanzen in der Urlaubszeit drastisch erhöhen.

Material:
1 leere Wein- oder Limonadenflasche
1 große Wanne oder 1 großer Blumentrog
mehrere gleich große Plastikkappen von alten Spülmittelflaschen (o. Ä.)
mehrere Pfeifenreiniger oder Baumwollschnürsenkel, Wasser, eine Schere

Durchführung und Ergebnis:
TRICK 1: Fülle die Flasche mit Wasser, halte ihre Öffnung mit dem Daumen zu, und stecke sie sehr rasch kopfüber in die Erde deines Blumenkastens. Aus der Flasche sickert immer nur so viel Wasser in die umliegende Erde, bis diese ganz befeuchtet ist. Anschließend kann nämlich keine Luft mehr in die Flasche strömen. Wenn die Erde austrocknet, tropft gleich wieder Wasser nach – so lange, bis keines mehr da ist.
TRICK 2: Zunächst stellst du den Trog auf die Fensterbank. Anschließend halbierst du einen Pfeifenreiniger

oder Schnürsenkel. Nimm eine deiner eingetopften Zimmerpflanzen, drehe den Topf vorsichtig auf die Seite, und stopfe die Pfeifenreinigerhälfte durch das Loch im Topfboden in die Erde. Stell dann drei der Plastikkappen in der Wanne so dicht nebeneinander ab, dass sie eine Art Podest bilden. Darauf platzierst du nun vorsichtig den Topf (siehe Zeichnung). Der Pfeifenreiniger sollte dabei immer den Boden berühren. Nun baust du in gleicher Weise weitere Podien, bis keine Pflanze mehr in den Trog hineingeht. (Die Podeste sollten alle gleich hoch sein.) Fülle die Wanne dann höchstens bis zum Unterrand der Töpfe mit Wasser. Was passiert?

Wenn eine Pflanze Wasser braucht, zieht sie dieses über ihre Wurzeln aus der Erde, in die sie eingetopft ist. Weil

die Erde deiner Blume über eine Art „künstliche Wurzel" (nämlich den Pfeifenreiniger oder den Schnürsenkel) mit dem Wasser im Trog verbunden ist, kann auch dieses nachgesogen werden – und zwar immer genau so viel, wie die Pflanze gerade benötigt. Verantwortlich für diesen Vorgang sind die so genannten Kapillarkräfte, die überall dort entstehen, wo Festkörper, die zahlreiche dünne Gefäße (Kapillaren) besitzen, mit Flüssigkeit in Berührung kommen. (In unserem Fall dienen die feinen Poren der Erde als Kapillaren.) Zu starkes Wässern wird auf diese Weise unmöglich. Allerdings muss man dafür beim Gießen darauf achten, dass die Pflanzen nicht von oben mit Wasser versorgt werden, sondern dieses immer nur in den Trog geschüttet wird.

Wusstest du übrigens schon, dass ...?

... Menschen schon immer die künstliche Bewässerung dazu genutzt haben, um Pflanzen auch an sehr trockenen Standorten zu züchten und zu erhalten? In Wüsten und heißen Trockengebieten (z. B. in der Sahelzone) kann dies aber auch große Probleme mit sich bringen. Durch das dauerhafte Gießen mit Süßwasser werden im Ackerboden dieser Gegenden viele Bodenbestandteile (z. B. Chloride, Natrium- und Kaliumionen) gelöst und aufgrund der Kapillarkräfte des Bodens nach oben gesogen. Wenn das Wasser dort verdunstet, bleiben diese Ionen in großer Zahl als Salze zurück und machen den Boden auf diese Weise langfristig unbrauchbar, da Nutzpflanzen nicht auf Salzböden wachsen können.

Die Chemie des Kuchenbackens

Chemie ist für viele Menschen ein Reizwort, bei dem sie meist sofort an hässliche Industrieanlagen, stinkende Abgase und verschmutzte Flüsse mit toten Fischen denken. Dabei sind viele Dinge unseres täglichen, „natürlichen" Lebens chemische Vorgänge, derer wir uns gar nicht bewusst sind. Wenn man zum Beispiel betrachtet, was so alles beim Kuchenbacken passiert, könnte man meinen, man wäre im Chemiesaal. So ist ein backfertiger Teig nichts anderes als ein halb festes, halb flüssiges Gemisch aus meist folgenden Zutaten: trockenes, pulverisiertes Getreide (Mehl), festes tierisches Fett (Butter) oder gehärtetes Pflanzenfett (Margarine), zähflüssiges Protein (Eiweiß), Rübensaftkristalle (Zucker) und tierische Wasser-Fett-Emulsion (Milch). Dazu kommen noch einige wichtige Zusätze, ohne die kein Kuchen gelänge: wenige Milligramm Natriumchlorid (Kochsalz), ferner etwas Natriumhydrogencarbonat (Backpulver) und manchmal sogar eine Flüssigkeit, die lebende Pilze (Hefe) enthält. Angesichts dieser Liste kann man kaum glauben, dass dies alles mal einen leckeren Kuchen ergeben soll. Das ist aber der Fall ... und wir können den Teig sogar für ein Experiment nutzen.

Bei der Zubereitung des Hefeteigs für das nachfolgende Experiment benötigst du vielleicht die Hilfe eines backkundigen Erwachsenen.

Material:
1 Würfel frische Bäckerhefe (40 Gramm)
500 Gramm Weizenmehl
1 Tasse (= ein Achtel Liter) handwarmes (35 Grad
Celsius warmes) Wasser
1 Tasse kochendes Wasser
4 möglichst gleich große Rührschüsseln
4 Küchenhandtücher
1 Handrührer mit Knethaken
4 Leukoplast-Streifen
1 Filzstift
1 Gabel
ein Backofen mit eingeschaltetem Licht

Durchführung:
Klebe einen Leukoplaststreifen auf jede der Schüsseln
und schreibe darauf mit dem Filzstift „Schüssel 1",
„Schüssel 2", „Schüssel 3" und „Schüssel 4". Dann halbiere den Würfel Hefe. Gib in die ersten beiden Schüsseln je 250 Gramm Mehl, und drücke eine Vertiefung
hinein. In diese bröselst du je einen halben Hefewürfel.
In der ersten Schüssel verrührst du die Hefebrösel mit
zwei Esslöffeln lauwarmen Wassers, in Schüssel 2 verwendest du die gleiche Menge an siedendem Wasser.
Zum Rühren nimmst du am besten eine Gabel. Pass
aber mit dem kochenden Wasser auf! Wenn du meinst,
dass sich die Hefe gleichmäßig im Wasser aufgelöst hat,
kannst du jeweils das restliche Wasser hinzugeben und
mit dem Handrührgerät gründlich unterkneten. Der
Teig darf nicht an den Händen kleben bleiben, sondern
muss sich weich und elastisch anfühlen!

Gib jeweils die Hälfte des Teiges aus Schüssel 1 in die dritte Schale und die Hälfte vom Teig aus der zweiten Schüssel ins vierte Rührgefäß. Decke dann alle vier Schüsseln mit Küchentüchern ab, und stelle Nummer eins und zwei in den Kühlschrank, die beiden anderen in den Backofen, in dem du schon einige Zeit vorher nur das Licht eingeschaltet hast. Der Temperaturschalter darf höchstens (!!) auf 50 Grad Celsius stehen. Nach einer Stunde betrachtest du die vier verschiedenen Schüsseln. Damit du nicht den Überblick verlierst, machst du dir einen richtigen Versuchsplan und notierst deine Beobachtungen:

Schüssel Nr.	1 Stunde Backofen (ca. 28 °C)	1 Stunde Kühlschrank (ca. 8 °C)
1 (handwarmes Wasser)	✖	
2 (kochendes Wasser)	✖	
3 (handwarmes Wasser)		✖
4 (kochendes Wasser)		✖

Was fällt dir auf?

Ergebnis:

Der Teig in den Schüsseln 2 und 4 geht nicht auf, d. h. der Teigklumpen ist nach einer Stunde noch genauso groß wie zu Beginn deines Experimentes. Wenn du Glück hast, ist der Teig aus Schüssel 1, der im Kühlschrank gelagert wurde, ein kleines bisschen aufgegangen. Der Teig aus Schüssel 3 (im Backofen) wird dir dafür aber wahrscheinlich schon entgegenkommen, wenn du die Ofentür öffnest. Was ist da bloß passiert?

Für Hefeteig wird, wie der Name schon sagt, Hefe verwendet. Bei dieser handelt es sich um kleine Pilzzellen, also richtige Lebewesen, die ziemlich empfindlich sind. Hefepilze brauchen Zucker, den sie spalten und dabei Kohlendioxid freisetzen, das heißt, sie machen im Prinzip das Gleiche wie Backpulver: Das frei gewordene Kohlendioxid will entweichen, dehnt den Teig aus und treibt ihn so auf – man sagt dann, der Teig „geht".

Wenn du die Hefe mit zu heißem Wasser anrührst, werden dabei alle Pilzzellen abgetötet. (Man darf den Teig auch nicht in Zugluft stellen, das mögen die Zellen ebenfalls nicht.) Der Teig in der zweiten und vierten Schüssel kann deshalb gar nicht mehr aufgehen. In lauwarmem Wasser dagegen fühlt sich die Hefe pudelwohl und fängt sofort an zu wachsen. Unter dem Einfluss der Wärme des Backofens explodiert die Hefebevölkerung sozusagen, und der Teig geht wunderbar auf. Doch Vorsicht: Wenn du aus Versehen eine Temperatur zwischen 50° und 100° C einstellst, gehen die Hefezellen auch zu Grunde! Stellst du sie in den Kühlschrank, fühlen sie sich nicht mehr ganz so wohl. Sie wachsen und teilen sich zwar weiter, aber es dauert viel länger, bis

der Teig zur gleichen Größe aufgegangen ist wie im warmen Backofen. Das machen sich manche Hobbybäcker zu Nutze und bereiten Hefeteig schon am Vorabend zu. Wenn er über Nacht im Kühlschrank aufgegangen ist, gibt es zum Frühstück frische, selbst gebackene Brötchen.

Wusstest du übrigens schon, dass ...?

... sich im Backofen bei deinem Kuchen eine ganze Menge tut? Zunächst einmal beginnen Fette und Zucker zu schmelzen und dehnen sich dabei aus. Gleichzeitig verdunstet das im Teig enthaltene Wasser. Die Wasser- und Fettdämpfe reißen die anderen Zutaten des Kuchens mit nach oben: Der Kuchen geht auf. Währenddessen zerfällt das Backpulver und entlässt dabei Kohlendioxid, ein Gas, das den Kuchen noch stärker auftreibt. Ab einer gewissen Temperatur „stocken" die flüssigen Eiweißbestandteile im Teig und bilden dabei so etwas wie ein Stürzgerüst, das den Kuchen in Form hält. Sein „Feinkitt" sind ebenfalls Eiweiße, die so genannten Glutene oder Kleberstoffe, die allerdings aus dem Mehl stammen. Der Gehalt an Gluten ist je nach Mehlart unterschiedlich hoch: Roggen- und Weizenmehl besitzen relativ viel, Mais- und Reismehl hingegen nur wenig – und je weniger davon im Mehl steckt, desto schlechter eignet dieses sich zum Backen. Insgesamt darf ein Kuchen bei nicht mehr als 220 Grad Celsius gebacken werden, da sonst seine Außenhülle verbrennt, während er im Innern vielleicht noch nicht einmal gar ist.

Wenn man einen flachen Kuchen braucht, zum Beispiel

als Tortenboden, so muss man den Teig mit trockenen Hülsenfrüchten (Linsen, Erbsen oder Bohnen) beschweren, um zu verhindern, dass er zu stark aufgeht. Diesen Vorgang nennt man Blindbacken. Auch bei anderen Teigsorten wenden Bäcker chemische Tricks an: Das Geheimnis von Blätterteig wie auch von Mürbeteig ist, dass alle Zutaten kalt sind, oft werden sogar noch Eisstückchen in den Mürbeteig gegeben, und der Bäcker wäscht sich vor dem Kneten die Hände mit kaltem Wasser. Bei einem Biskuit- oder Baiserteig kommt die lockere Struktur dadurch zu Stande, dass Eiweiß vor dem Backen zu Schaum geschlagen wird, der sehr viel Luft enthält. Beim Backen stockt der Eischnee dann, die Luft bildet Poren, und der Kuchen wird so ganz groß und leicht.

Keine Ananas im Tortenguss

Manchmal finden im Haushalt chemische Reaktionen statt, die man auf den ersten Blick gar nicht erkennt, aber wenn du erst einmal begriffen hast, was dahinter steckt, fällt es dir wie Schuppen von den Augen.

Stell dir zum Beispiel folgende Situation vor: Deine Eltern haben an einem Sonntagnachmittag ein großes Sommerfest gegeben, auf dem sich die Gäste an einem reichhaltigen kalten Büffet stärken konnten. Abends, beim Aufräumen, entdeckst du auf einer der Platten noch einige Wurst-Schnittchen, die mit frischen Ananas- und Kiwischeiben dekoriert sind. Du hebst zufällig eine Kiwischeibe hoch ... Aber iiih, wie sieht denn die Fleischwurst aus – ganz weißlich und angelaufen! Und

der Kochschinken unter der Ananasscheibe auf dem Brötchen daneben wirkt auch nicht mehr gerade appetitlich. Sind die Speisen etwa so schnell schlecht geworden? Nein! Den wahren Grund für das eklige Aussehen der Schnittchen zeigen dir die folgenden Versuche.

Material:
3 mittelgroße Glasschalen
1 Tasse
1 kleiner Topf
1 Löffel (zum Umrühren)
1 Päckchen gemahlene Gelatine
1 Päckchen Agar-Agar
1 Zitrone
1 Scheibe frische Ananas
1 Scheibe Ananas aus der Dose
1 Scheibe frische Kiwi
Wasser
ANMERKUNG: Gelatine findest du bei den Backzutaten in jedem Supermarkt (du kannst auch Blattgelatine verwenden); Agar-Agar kannst du in jedem Reformhaus oder Bioladen kaufen.

Durchführung:
EXPERIMENT 1: Als Erstes gibst du einen Esslöffel kaltes Wasser in eine Tasse, schüttest die gemahlene Gelatine hinein und lässt sie zehn Minuten lang quellen. Anschließend wird sie in einem kleinen Topf bei schwacher Hitze aufgelöst. Fülle eine der Schalen mit zwei Tassen kaltem Wasser, und gieße die flüssige Gelatine hinein. Jetzt solltest du sie umrühren und in den Kühl-

schrank stellen, damit sie dort fest wird. Nun bereitest du den festen Agar-Agar vor, indem du in deinem Topf zwei Tassen Wasser erhitzt, die Hälfte des Agar-Agar-Pulvers hineinrührst und anschließend alles fünf Minuten kochen lässt. Gieße die flüssige Masse in die zweite Schale, lass sie abkühlen, und stell sie dann ebenfalls zum Erstarren in den Kühlschrank.

Wenn beide Massen fest geworden sind und an Wackelpudding erinnern, nimmst du die Schalen wieder aus der Kühlung. Schneide aus der Zitrone, der frischen Ananas, der Dosenananas und der Kiwi je zwei kleine Stücke heraus. Lege je ein Stückchen Zitrone, Kiwi, frische Ananas und Dosenananas auf die Gelatine, sie dürfen sich aber nicht berühren. Mach nun dasselbe bei der Schale mit dem Agar-Agar. Warte einige Stunden ab. Was ist dann passiert?

EXPERIMENT 2: Presse den Rest der Zitrone aus. Versuche nun, einen zweiten „Agar-Agar-Pudding" herzustellen, doch gib diesmal den Zitronensaft ins Wasser, bevor du das Pulver hineinrührst. Was passiert?

Ergebnis:

EXPERIMENT 1: Nach einiger Zeit hat sich die erstarrte Gelatine unter der frischen Ananas und der Kiwi wieder aufgelöst, bei der Zitrone und der Dosenananas hat sich hingegen nichts getan. Auch das Agar-Agar-Gelee sieht noch genauso fest aus wie vorher.

Im Fruchtfleisch von Ananas und Kiwi befinden sich bestimmte zersetzende Stoffe, so genannte Enzyme, die Eiweiße (auch Proteine genannt) zerstören können. Da erstarrte Gelatine nichts anderes ist als eine Art Eiweiß-

Gelee, wird sie von frischer Ananas und Kiwi wieder aufgelöst. Aus diesem Grund wird Ananas nach sehr fleischhaltigen Gerichten gerne als Nachtisch serviert, da sie die Proteinverdauung unterstützt. Das Schinkenbrötchen vom Büffet war also nicht schlecht, sondern nur von den Enzymen der Ananas „anverdaut". Da Enzyme aber selbst aus Proteinen aufgebaut sind, die im Allgemeinen beim Erhitzen zerstört werden, kann eingemachte Ananas aus der Dose das Fleisch nicht zersetzen. Hätte der Hersteller der kalten Platten Dosenananas anstelle frischer genommen, dann hätten die Schnittchen nach der Party sicherlich besser ausgesehen.

Dem Agar-Agar hingegen können die Enzyme nichts anhaben, denn er besteht nicht aus Eiweiß, sondern aus Kohlehydraten – speziellen Zuckern, die aus bestimmten Braunalgen gewonnen werden. (Beim Kochen des Pulvers ist dir vielleicht ein schwacher Jodgeruch aufgefallen; der rührt von den Algen her.)

EXPERIMENT 2: In Verbindung mit dem Zitronensaft wird der Agar-Agar nicht fest. Der Grund dafür ist, dass sein Quellverhalten vom Säuregehalt seiner Umgebung abhängig ist. Ist zu viel Säure vorhanden, wie hier nach der Zugabe von Zitronensaft, werden die chemischen Reaktionen, die zum Gelieren der Agarmasse führen, verhindert. Aus einem ähnlichen Grund ist es auch immer etwas schwieriger, saure Sülzen und Marmeladen (z. B. Orangen-Gelee) herzustellen als beispielsweise süße.

Wusstest du übrigens schon, dass ...?

... auch frisch gekochte Rindersuppe geliert? Wer einmal eine Brühe aus Suppenknochen gekocht hat, hat sicherlich beobachtet, dass diese nach dem Erkalten fest wird: Aus Knochen wird nämlich Gelatine gewonnen.

Seitdem nun in den Nachrichten und in Forschungsberichten sehr beunruhigende Meldungen über die Verbreitung von BSE oder Rinderwahn verlautbar werden, wonach die Krankheit von Rindern auf Menschen übertragen werden kann und ihre Erreger wahrscheinlich in den Nervenzellen und im Knochenmark sitzen, meiden viele Menschen nicht nur Fleisch und Knochen von Rindern, sondern auch Gelatine, deren Herkunft unbekannt ist. Streng genommen müsste man dann aber auch auf alle Medikamente, die in Kapseln verabreicht werden, wie auch auf viele Süßigkeiten (z. B. Gummibärchen, Bonbons und Lakritze) verzichten, da auch dort Gelatine zum Einsatz kommt. Da diese in Deutschland jedoch in erster Linie aus Schweineknochen gewonnen wird, ist die BSE-Gefahr durch Rinder-Gelatine sehr gering.

Heute wird übrigens als Ersatz für Gelatine auch gerne Agar-Agar genommen, da dieses Produkt rein vegetarisch ist. Allerdings muss man – wie unser Experiment gezeigt hat – beim Umgang mit diesem Geliermittel immer auf seine chemischen Besonderheiten achten!

Saure Haushaltshelfer

Angeschnittene Bananen, Apfelmus und Möhrensalat haben eines gemeinsam – lässt man sie eine Zeit lang stehen, laufen sie braun oder grau an und sehen richtig unappetitlich aus. Schuld daran ist der Sauerstoff der Luft, den wir zwar zum Atmen benötigen, der aber ansonsten ein äußerst aggressives Gas ist – und zwar nicht nur gegen Lebensmittel: So lässt er zum Beispiel Eisen rosten und Kupfer zu Grünspan werden. In Haushalt und Industrie hat man sich einiges einfallen lassen, um dieser Oxidation – der Zersetzung speziell durch Sauerstoff – vorzubeugen. Unser nächster Versuch beschäftigt sich mit diesem Problem.

Material:
1 Schüssel
1 Apfel
1 Avocado
1 Zitrone
ein Messer, eine Zitronenpresse, ein Pinsel

Durchführung:
Halbiere die Zitrone, und presse sie in eine Schüssel aus. Nun schneidest du Apfel und Avocado in zwei Hälften (Vorsicht: Die Avocado hat einen Kern!) und bepinselst jeweils eine Hälfte gut mit Zitronensaft. Lass alles eine Stunde stehen, und schau dann nach, was passiert ist.

Ergebnis:

Diejenigen Hälften von Avocado und Apfel, die mit Zitronensaft eingepinselt wurden, sind noch relativ hell und nicht angelaufen. Die unbehandelte Avocado hingegen ist grau-braun geworden, und auch die andere Apfelhälfte ist bräunlich oxidiert.

Das im Zitronensaft enthaltene Vitamin C hat verhindert, dass der Sauerstoff das Gewebe der Früchte angreifen konnte. Eine ähnliche Wirkung zeigt die so genannte Ascorbinsäure (reines Vitamin C). Solche Substanzen werden aufgrund ihrer oben nachgewiesenen Eigenschaft, Oxidation zu verhindern, als Antioxidantien bezeichnet.

Aus diesem Grunde dürfen viele Lebensmittel mit Vitamin C behandelt werden, damit sie länger appetitlich aussehen.

Der Eiertest

Nicht nur zur Osterzeit ist es gut zu wissen, wie alt das Hühnerei ist, das man gleich zum Frühstück kochen will. Wenn du also mal deine Familie am Sonntagmorgen mit einem gedeckten Frühstückstisch überraschen willst, solltest du den folgenden Eiertest ruhig kennen.

Material:
Eier
1 Topf
Wasser

Durchführung:
Lege das Hühnerei in einen Topf mit Wasser (im elektrischen Eierkocher klappt es nicht!), und schau nach, wie es sich verhält: Sinkt es ab und liegt es waagrecht am Boden, ist es noch ganz frisch. Wenn es aber senkrecht steht, ist es schon fast einen Monat alt. Eier, die an der Oberfläche schwimmen, sind möglicherweise verdorben oder schon angebrütet: Solche Exemplare solltest du sofort in den Mülleimer werfen!

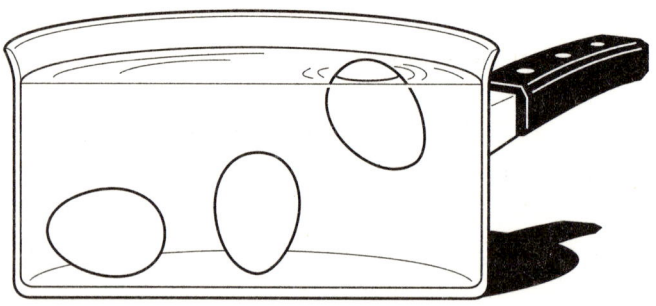

Ergebnis:
Dass Eier sich – je nach Alter – unterschiedlich verhalten, hat folgenden Grund: Am stumpfen Ende des Eis befindet sich eine Luftkammer, die mit der Zeit immer größer wird. In der Eierschale befinden sich nämlich winzige Poren, durch die Luft eindringen sowie Wasser und Kohlendioxid austreten können. Diese Durchlässigkeit ist erforderlich, weil der Hühnerembryo – aus dem bis zum Schlüpfen das Küken wird – Sauerstoff benötigt.

Wusstest du übrigens schon, dass ...?

... ältere, überlagerte Eier oft die Gefahr bergen, giftige Salmonellen zu enthalten? Das sind winzige Keime, die starke Bauchschmerzen, Durchfall und Erbrechen auslösen können und für Kleinkinder, sehr alte und geschwächte Menschen unter Umständen sogar lebensgefährlich sind. Deshalb ist es besonders gut, einen Test zu kennen, mit dem man frische von alten Eiern unterscheiden kann!

Biologisches Juckpulver

Natürlich soll hier niemand zu fiesen Streichen verleitet werden – aber manchmal braucht man schon ein geeignetes Mittel, um einer Nervensäge mal eins auszuwischen! Wie wär's da beispielsweise mit einem wirksamen, aber harmlosen Juckpulver?

Material:
ein paar reife Hagebutten
1 Messer
1 Teelöffel

Durchführung:
Schneide die Hagebutten durch, und kratze mit dem Teelöffel die Kerne heraus. Sie sind nämlich ein hervorragendes Juckmittel! Nun brauchst du bloß noch einen geeigneten Moment abzuwarten, um sie deinem Erzfeind in den Kragen zu streuen. Das Ganze kann dir allerdings auch eine Menge Ärger einbringen!

Wusstest du übrigens schon, dass ...?

... Hagebutten die Früchte der Rosen sind? Außerdem sind sie neben ihren Qualitäten als Juckpulver auch noch sehr gesund. Sie enthalten nämlich 60-mal so viel Vitamin C wie die gleiche Menge Äpfel oder Orangen!

„Baywatch" für Fliegen

Hier erfährst du, wie du Insekten, die ins Wasser gefallen sind, nach dem Herausfischen wieder beleben kannst. Allerdings muss diese „erste Hilfe" für halb ertrunkene Käfer, Fliegen und Bienen genau wie bei uns Menschen ziemlich schnell erfolgen. Meist wirken die Tiere nämlich schon nach wenigen Minuten völlig betäubt.

Erste-Hilfe-Material:
1 Teesieb
Küchenkrepp
trockenes Salz

Durchführung:
Fische das strampelnde Krabbeltier mit dem Sieb aus dem Wasser. Schüttel das Insekt vorsichtig auf das Krepppapier, damit das meiste Wasser gleich abgesaugt wird. Danach legst zu das Tierchen auf eine trockene Unterlage und schüttest ein kleines Häufchen trockenes Salz darüber. Was meinst du – wird die Rettungsaktion wohl erfolgreich sein?

Ergebnis:

Nach einer guten Viertelstunde wird sich das Insekt aus dem Salz befreien, seine Flügel putzen und wegfliegen. Das ins Wasser gefallene Tier erscheint nämlich zunächst deshalb leblos, weil seine Tracheen (das sind die röhrenartigen, dünnen Atemwege der Insekten) Wasser angesaugt haben und daher verstopft sind. Der Krabbler droht also zu ersticken.

Motor für die hohe Saugwirkung in die Tracheen ist die so genannte Kapillarkraft, die wir auch nutzen, um das Insekt im ersten Schritt abzutropfen – denn die dünne Faserstruktur im Krepppapier wirkt ebenfalls als Kapillarkraft. Aber auch das trockene Salz ist sehr gut in der Lage, Feuchtigkeit aufzunehmen, und so werden selbst die letzten Tröpfchen Wasser aus den Tracheen herausgesogen. Stoffe, die wie Salzkristalle Wasser anziehen, bezeichnet der Chemiker als *hygroskopisch*.

Lästige Nachtbesucher

Gerade die heißen Tage im Hochsommer sind, wie du weißt, leider auch die Zeit, in der man tagsüber von Bremsen und Wespen und nachts von Mücken gepiesackt wird. Meist greift man dann zur „chemischen Keule", sprich: zum Mückenspray.

An dieser Stelle sollst du erfahren, wie du die nächtlichen Plagegeister mit etwas sanfteren Methoden vertreiben kannst.

Material:
2–3 Tomatenpflanzen
1 große Geranie
ANMERKUNG: Alle Pflanzen sollten in Blumentöpfe gepflanzt sein.

Durchführung und Ergebnis:
Stelle die Pflanzen nachts auf die Fensterbank. Geranien und Tomatenpflanzen strömen Pelargonin aus, einen Stoff, den wir Menschen so gut wie nicht wahrnehmen. Den Mücken jedoch stinkt er gewaltig.
Sicher kennst du aber auch die so genannten Pyrethrum- oder Chrysanthemengift-Tabletten. Das sind Verdampfer, die du mithilfe eines Gehäuses in eine Steckdose stecken kannst. Sie funktionieren nach einem ähnlichen Prinzip, allerdings wirkt die in den käuflichen Pyrethrum-Würfeln steckende Substanz auf Mücken sogar tödlich. Der Strom aus der Steckdose liefert Wärme, die dazu benötigt wird, winzige Mengen von dem Gift zu verdampfen. Aber Achtung beim Umgang mit diesen „Gift-Tabletten"! Obwohl sie angeblich für Menschen und Tiere nicht gefährlich sind, gibt es Warnhinweise, wonach Schwangere, Babys, Kleinkinder und Haustiere nicht in Räumen mit eingeschalteten Pyrethrum-Verdampfern schlafen sollten. Bei vielen Erwachsenen verursachen die Verdampfer außerdem Kopfschmerzen.

Wusstest du übrigens schon, dass ...?

... Mücken und Bremsen aus anderen Gründen stechen als Wespen, Bienen und Hornissen? Bei den Mücken stechen nur die Weibchen, weil sie das Blut von warmblütigen Tieren benötigen, um ihre Eier ablegen zu können. (Viele Mückenmännchen sind daher schon völlig unschuldig erschlagen worden.) Bremsen und andere Stechfliegen dagegen ernähren sich von Blut – und zwar Männchen wie Weibchen. Wespen, Bienen und Hornissen hingegen stechen nur, wenn sie bedroht werden.

Mückenstiche sind deshalb weniger schmerzhaft, weil die Mücke dich mit ihrem feinen Stechrüssel wie mit einer Nadel pikst, während die Bremse breitere Stechborsten besitzt, die sie wie eine Stichsäge in die Haut raspelt. Die Beulen auf deiner Haut kommen zu Stande, weil diese Insekten Flüssigkeiten in die Wunde spritzen, die verhindern, dass das Blut gerinnt. Diese Gerinnungshemmer enthalten meist aber Eiweiße, auf die das Immunsystem deines Körpers reagiert, und es kommt zu einer Schwellung. Bei sehr empfindlichen Menschen reagiert das Immunsystem so stark, dass eine allergische Reaktion auftritt. Das passiert allerdings meist bei Wespen- und Bienenstichen.

Summende Mitfahrer

Fliegen im Auto können schon eine Plage sein, Wespen und Bienen sogar sehr gefährlich! Wie oft kann man in der Zeitung lesen, dass ein Autofahrer in dem pani-

schen Versuch, eine Wespe von sich wegzuscheuchen, die Kontrolle über sein Fahrzeug verloren und einen Verkehrsunfall verursacht hat! Wenn eine Wespe im Auto umherschwirrt, heißt es: „Ruhe bewahren!" Durch ruckartige Bewegungen bringt man das Insekt, das sicher genauso viel Angst hat wie der Fahrer, noch mehr in Panik – und dann sticht es bestimmt!

Mit einem einfachen Trick kannst du jedoch dem Fahrer helfen.

Durchführung:
Kurbel das Fahrer- und das Beifahrerfenster herunter. Durch den entstehenden Sog wird die Wespe ins Freie geweht.

Was wäre wohl, wenn du in einem Kombi säßest, und die Heckklappe wäre geöffnet? Würde die Wespe dann vielleicht auch hinausgesaugt werden?

Ergebnis:
Da bei geöffneter Heckklappe von vorne keine Luftwirbel entstehen, bliebe die Luft unter dem Wagendach des Kombis völlig ruhig. Daher könnte die Wespe ungestört im Wageninnern umherfliegen – ganz so als befände sie sich in einem geschlossenen Raum. Nur wenn du vorne ein Fenster öffnen könntest, entstünde ein Durchzug, der das Insekt ziemlich schnell hinausziehen würde.

Bierfalle und Brennnesselbrühe

Blattläuse und Schnecken sind in den meisten Gärten äußerst unwillkommene Gäste. Auch wenn natürlich der Griff zur „chemischen Keule" meist am schnellsten gegen sie wirkt, gibt es aber ein paar „Bio-Mittelchen", welche die Umwelt nicht so stark belasten und zudem schnell und preiswert selbst hergestellt werden können.

Material:
2 große Eimer
5–6 Brennnesselstauden
1 Pumpzerstäuber
1 Flasche Bier
1 große, oben offene Dose
Wasser, Handschuhe
ANMERKUNG: Pumpzerstäuber werden oft zum Blumengießen oder zum Einsprühen von Wäsche benutzt – deine Eltern haben deshalb bestimmt einen!

Durchführung und Ergebnis:
BRENNNESSELBRÜHE: Gib die Nesselpflanzen in den Eimer. (Achtung: vorher Handschuhe anziehen!) Fülle ihn zu 3/4 mit Wasser auf, und lass ihn einige Tage in der Sonne stehen. Bald beginnt die Brühe übel zu riechen und Bläschen zu werfen. Nun kann sie in einen anderen Eimer abgegossen werden. Jetzt füll sie in die Spritze um, und versprühe sie über die von Blattläusen befallenen Pflanzen. Du wirst sehen: Im Nu bist du die Quälgeister los!

BIERFALLE: Vergrabe die Dose halb in einem Beet, das besonders von Schnecken befallen ist. Fülle nun Bier hinein, und warte bis zum nächsten Morgen ab. Nachts werden die Schnecken von den Bierausdünstungen angezogen, sie rutschen in die Dose und ertrinken. Am nächsten Morgen kannst du die toten Schnecken zusammen mit dem Bier wegkippen (am besten in die Mülltonne!) und wieder neues Bier nachfüllen.

Wusstest du übrigens schon, dass ...?

... Nacktschnecken nur wenige natürliche Feinde haben, da sie bei Gefahr einen zähen Schleim absondern? Dieser wirkt fast wie Sekundenkleber, und manche junge Amsel, die noch keine Erfahrung mit Nacktschnecken hatte, bekam nach einem kecken Pikser in eine solche sicher große Probleme, ihren Schnabel wieder sauber zu bekommen! Die rote Farbe der Großen Roten Nacktschnecke signalisiert daher: „Achtung, ungenießbar!"

Ein Heim für Ohrenkneifer

Nachdem du im vorigen Abschnitt erfahren hast, wie man die „chemischen Keulen" gegen Ungeziefer durch biologische Mittel ersetzen kann, sollst du jetzt ein bisschen mehr über die kleinen, nützlichen Helfer eines Öko-Gärtners lernen. Dazu gehören – für dich vielleicht überraschenderweise – die Ohrenkneifer. Ihnen wollen wir hier ein Heim schaffen.

Material:
1 Blumentopf aus Ton
Stroh, Holzwolle oder alte Baumwolllappen
Erde
Wasser

Durchführung:
Fülle den Blumentopf locker mit Stroh, Holzwolle oder Fetzen von Baumwolllappen. Gib etwas Erde hinzu, und feuchte alles leicht an. Stelle den Topf nun am Rand eines Beetes in der Sonne auf, und schau alle paar Tage mal nach, ob ein Ohrenkneiferweibchen schon seine Eier abgelegt hat.

Ergebnis:
Ohrwürmer haben völlig zu Unrecht einen schlechten Ruf. Viele Menschen glauben immer noch, dass diese Insekten einem schlafenden Menschen in die Ohren kriechen. Das ist aber ein Ammenmärchen – obwohl diese warme, feuchte und dunkle Plätze schon besonders gern haben. Deshalb hast du auch das Stroh im Innern des Topfes befeuchtet. Bald beginnt es zu verrotten, und die dabei entstehende Wärme zieht die Ohrwürmer an. Die Weibchen legen dort ihre Eier ab; sie pflegen diese und später dann auch die schlüpfenden Jungen. Viele Ohrwürmer jagen andere, schädliche Insekten, die sie mit ihren Zangen am Körperende ergreifen. Daher gelten sie bei Gärtnern als Nützlinge.

Wusstest du übrigens schon, dass ...?

... für Blumen und Obstpflanzen Blattläuse die schlimmsten Schädlinge sind? Deshalb begrüßt jeder Gärtner Insekten, die sich in erster Linie von Blattläusen ernähren. Hierzu zählen vor allem der Marienkäfer und seine gefräßigen Larven (eine einzige Larve kann bis zur Verpuppung an die 600 Blattläuse vertilgen). Andere gute Blattlausjäger sind die zartgrünen Florfliegen und die Schwebfliegen, die wie kleine Helikopter über den Blüten schweben und oft irrtümlich für Wespen gehalten werden, weil sie ähnlich gelb-schwarz gezeichnet sind.

Mittlerweile gibt es sogar spezielle Versandhandelsfirmen, die Florfliegen und andere Nützlinge per Post versenden. Auch deine Eltern können dort solche „Insekten-Helferlein" bestellen, die dann unerwünschten Schädlingen den Garaus machen. Übrigens: Du brauchst keine Angst zu haben, dass deine Helfer sich später selbst über die zarten Gartenpflanzen hermachen – wenn sie keine Insekten mehr zum Fressen finden, gehen die Nützlinge von alleine ein.

Von Bienchen und Blümchen ...

Blüten sind für Insekten so etwas wie Imbissbuden und Gartenlokale für uns Menschen – nur dass es hier anstelle von Pommes frites, Kuchen und Apfelschorle Nektar und Pollen gibt. Beim Futtern stehen Bienen, Hummeln, Falter und Schwebfliegen jedoch keineswegs als einzige Nutznießer da, weil sie nämlich im

Gegenzug die von ihnen besuchten Pflanzen bestäuben und so deren Vermehrung garantieren. Die verschiedenen Farben der Blüten signalisieren den eifrigen Krabbeltieren übrigens sofort, was es hier zu holen gibt – genau, wie jedes Kind das McDonald's-Schild sofort erkennt und weiß, dass es dort Hamburger und Cola bekommt. Im folgenden Versuch kannst du herausbekommen, welche Insekten blaue, rote oder gelbe Blüten anfliegen.

Material:
5 Stücke weißer Karton (jeweils 10 cm mal 10 cm groß)
5 große Legosteine (1 roter, 1 gelber, 1 weißer, 1 blauer und 1 schwarzer)
1 Becher warmes Wasser
2 Esslöffel Zucker
eine Schere, ein Löffel, ein Schreibblock, ein Stift
ANMERKUNG: Nimm bitte möglichst große Legosteine, am besten die für Kleinkinder.

Durchführung:
Schneide aus dem Karton jeweils eine „Blüte" aus, wie sie hier abgebildet ist. Löse den Zucker in dem warmen Wasser auf. Anschließend lege die Papp-Blüten im Garten auf den Rasen. Fülle die Legosteine mit Zuckerwasser, und setze jeweils einen Stein in die Mitte jeder Blüte. Dann mach dir auf dem Block eine Liste, in die du einträgst, welche Insekten innerhalb der ersten Viertelstunde und welche nach einer halben, nach einer oder nach zwei Stunden kommen. Notiere dir auch,

welche „Blume" besonders häufig und welche vielleicht gar nicht angeflogen wird. Tipp: Damit du auch weißt, welche Insekten wo zu Besuch waren, solltest du dir ein Bestimmungsbuch (mit Fotos) besorgen, z. B. aus der Leihbücherei.

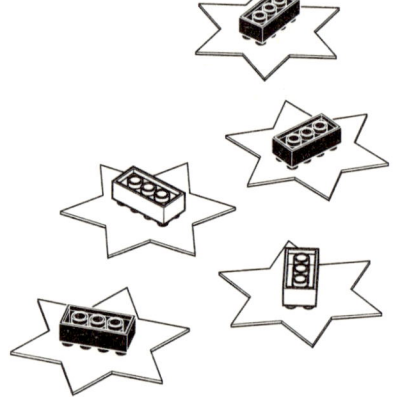

Ergebnis:
Das Ergebnis deines Experiments kannst du diesmal auf deinem eigenen Block ablesen.

Wusstest du übrigens schon, dass ...?

... Insekten Farben anders wahrnehmen als wir Menschen? Die Farbenpalette (der Physiker sagt Farbspektrum), die wir Menschen wahrnehmen, reicht von Violett über Blau, Grün und Gelb bis Rot. Bei Bienen und einigen anderen Insekten hingegen hat sich dieses Farbspektrum verschoben, sodass sie zwar ultraviolettes Licht sehen können (das vom menschlichen Auge nicht wahrgenommen wird), dafür aber kein Rot. Für das Bienenauge sieht eine rote Blüte daher möglicherweise weiß aus.

Gerald Bosch wurde 1959 in Sankt Toenis bei Krefeld geboren. Er studierte Biologie in Düsseldorf. Seit 1990 arbeitet er als freier Autor, Übersetzer und Lektor.

Mario Valentinelli, geboren 1963, machte eine Ausbildung zum Siebdrucker und begann ein Grafik-Studium, bevor er in verschiedenen Agenturen arbeitete. Seit 1996 ist er freier Illustrator.